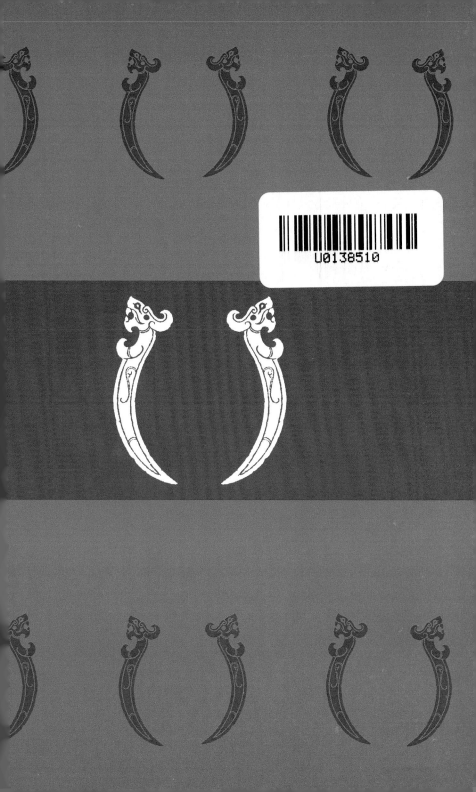

藝術圖鑑 2

佛像

王景荃 著

貓頭鷹出版社

佛像之美，耐人尋味

　　《無量壽莊嚴清淨平等覺經》之「發大誓願第六」：「我作佛時，十方世界，所有眾生，今生我剎，皆具紫磨真金色身。三十二種，大丈夫相，端正潔淨，悉同一類。若形貌差別，有好醜者，不取正覺。」這段話或許可以作為佛教造像美學的原點，目的不在建立美醜的區別，但事實上佛像又予人無比美的感受；再說佛像借用凡人形態，從三十二相、八十種好等條件來看，卻又超乎常人的特徵。探索佛像的美，永遠耐人尋味。

　　這幾年研究佛像、收藏佛像，蔚為風潮，這倒不一定是某些人的專利，而是像玉器一樣，普及於庶民階層。我想原因起碼有三：一是台灣的經濟水準，順勢有了藝術品的流通能力；二是佛教力量相當蓬勃，佛像自然隨之興起，雖然現代的造像能力有待提昇，至少還有古代佛教藝術會引人注目；三是佛像的美，本超乎民族、信仰的界限，信不信佛，都可能欣賞佛像，佛像被視為收藏的對象，是十分自然的。

　　就現實所見，無數佛像被蒐集起來，或被剝離自原來存在的空間，流入博物館，流入收藏家手中，或為文化資產，或為藝術欣賞的對象，成為藝術市場上的寵兒，也因其有形的附加價值，導致更多佛像被盜被毀，更產生仿古偽作，或只為求美而非信仰對象的佛像創作。

　　歷史上大概沒有像今天的台灣這樣，一下子冒出那麼

多古佛像來，其中真偽雜陳，不乏魚目混珠，更超乎佛像存在的本質了。

於是，對大眾而言，的確需要有人來指點迷津，認識佛像的造像原理、歷史演變及美感特質。

王景荃先生近著《佛像》應該可以滿足這樣的期待，包括近來台灣盛行的藏密佛像，都擇其代表作品加以說明，尤其宗派與造像題材的關係，及每一作品之歷史意義、造像形式、美感特點，都作深入解說。

可以說，整本書從縱的發展有其連續性，這對欣賞、研究重點的掌握，很有助益。

所謂「以像設教」，佛像經過中國化、世俗化，結合了社會、民俗，早已深入民眾，如此喚起曾經連繫了的民眾的審美感受，也是這本書的貢獻吧！

莊伯和
（本文作者為民間藝術、文物研究專家）

佛像目錄

8

撫慰心靈的藝術

人神情感交融的物化遺存

中國古代佛教藝術遺產十分豐富，就佛教
造像而言，有金屬鍱鑄像（圖1）、石雕像
（圖2）、木雕像（圖3）、泥塑像、陶瓷像
（圖4）、夾紵漆像（圖5）等。這些石窟寺以
外的佛教造像，多為民間寺廟和家庭陳設崇
拜之偶像，遍布全國各地，數量之多以百萬
計。它是佛教教義和佛教藝術的載體，從不
同側面反映了歷代政治、經濟、文化、宗教
的發展變化；而且隨著宗教職能的逐漸消
失，這些珍貴的佛教藝術品便成為人們研究
古代社會史和宗教史的具體真實的形象資
料。中國佛教藝術的審美價值和歷史作用，
正日益被人們所理解和欣賞。這種虔誠的造
像藝術，已成為中華民族藝術遺產的一個有
機組成部份。

佛教造像的傳入

佛教早在兩漢之際即自印度傳入中
國，當時在絲綢之路開闢以後，
印度佛教僧侶紛紛東來，中國也
有許多信徒西行求法，如東漢明
帝時的蔡愔、秦景等十八人和東
晉時的法顯。東漢時印度僧人迦
葉摩騰和竺法蘭等也相繼來中國
傳教，駐錫都城白馬寺。據《高
僧傳》、《開元釋教錄》、《出三
藏記集》、《大唐內典錄》等書

圖2

圖3

圖1

圖4

圖5

記載，此時來中土的印度有名可考的僧人就有二十五人。十六國後秦時，天竺鳩摩羅什三藏更大力整理由印度傳來的舊譯佛經，並新譯了很多通俗的經文，佛教才逐漸在中國廣泛傳布。

隨著佛教的普遍傳播，宣傳佛教教義的藝術手段也逐漸興盛起來，這就是寺廟壁畫和雕塑造像。佛教是「以像設教」，因此立體生動的雕塑和五彩繽紛的壁畫被廣泛施用。佛教爲了爭取廣大眾生，採取適應中國的民俗、與社會相結合的形式，使當時的人們樂於接受。因此，這些雕塑和壁畫在形式和內容上不能不對當時社會有些折射。中國古代的匠師們在這方面發揮了聰明才智，對佛教中人物的刻畫，既不違背佛教造像的儀軌，又符合當時社會統治者的意圖，同時爲了爭取廣大信徒的心理，在造型上使神「人性化」，即將宗教偶像賦以世俗人的形象，縮短了人與神的距離，使信徒在心理上感到親切。因此，中國的佛教造像，是在中國的這塊沃土上發展起來的是中國歷代社會生活的一個側面。

印度的佛教造像最早傳入中國在東漢時，近幾十年來在中國內地發現漢代石雕佛像多處，著名的有四川樂山麻浩崖墓享堂橫樑上刻的一尊手施無畏印、頂有圓頭光、結跏趺坐的佛像，從其貼體的通肩大衣和施無畏印的大手看，無疑是受犍陀羅佛像的影響而雕刻的。又山東沂南漢墓門柱頂端減地線刻的

圖6

有圓形頭光的佛像，結跏趺坐於蓮花座上。這種坐姿成爲後來佛坐像的定式。江蘇連雲港孔望山的漢代摩崖石刻，其中的釋迦立像、禮佛、涅槃等佛教題材，應屬東漢的大型佛教遺跡。這些造像採用漢代的傳統雕刻技法，佛像造型較古拙，藝術水平不高。

到魏晉以至十六國時期，我國北部和西南部份地區少數民族政權分立，其首領多信奉佛教，如後趙的石勒、石虎叔侄迎請西域高僧佛圖澄大興佛寺八百九十三所，各地學僧甚至是遠自天竺、康居的僧人前來就學。稍後後秦也崇尚佛教且延請僧人大事譯經。在這種背景下開始出現大規模佛教造像，至今十六國的佛教遺跡和銅佛像遺留尚多。有紀年可考的存世最早的佛像爲美國舊金山亞洲藝術館藏的後趙建武四年（三三八年）的鎏金銅佛坐像（圖6）。這一時期的佛教造像，「犍陀羅樣式」特別流行。犍陀羅建國約在西元前五世紀至西元二世紀，由於在此以前，其地曾一度受到了馬其頓亞力山大王的統治，其佛教造像吸取了希臘末期和波斯雕

圖7

圖 8

圖 9

塑藝術的影響，形成一種既富有寫實又類於希臘後期雕像、與印度北部犍陀羅國藝術形式相混合而成的「犍陀羅樣式」。其造型特徵是薄衣貼體，褶紋稠密，風格趨向於優美纖巧。這種樣式傳入中國後，很快就爲中國有才能的雕塑工匠所吸收融化，成爲具有中國民族風格的造像（圖7）。正所謂「自泥洹（佛涅槃）以來，久逾千祀，西方製像，流式中夏，雖依金熔鑄，各務彷彿，名工奇匠，精心展力」。《法苑珠林·敬佛篇》說明中國的造像模式雖然來自西方犍陀羅國，但畢竟已經過中國匠人的再創造，自然地融以中國傳統的審美意識。如佛像的面孔（圖8）是蒙古人種的特徵，看不到犍陀羅佛像高鼻深目的雅利安人特點，並將中國漢代的四足矮榻和魏晉的壺門榻床演變成四足方座（圖9），象徵著釋迦牟尼佛坐在床榻上說法。使其成爲中國民族形式的佛像，在中國佛教藝術史上佔有輝煌的地位。

佛教造像的發展和繁榮

佛教在南北朝時期得到了長足發展，特別是北朝時代形成高潮。雖然當時政治局面動盪不安，經濟發展受到局限，但由於當時統治者的扶持、提倡，往往集中全國人力物力從事大規模的雕塑工程，尤其是石窟開鑿、寺院造像以及造像碑等，遍及黃河兩岸、大江南北。從西北的帕米爾高原到東海之濱，從南方起伏的山丘到北疆廣袤無垠的大草原，

都能見到佛教造像藝術的存在。

中國佛教石窟的開鑿與印度佛窟有直接關係。因釋迦牟尼佛常在幽靜的山洞中修行，為了紀念他，也為了便於信徒們出家修行，故多選擇遠離城市的僻靜山區開鑿洞窟，並雕塑佛像，作為信徒們禮拜修行之所。中國的石窟主要分布在過去由中原通往印度的交通線上，自西而東，即由最西部的新疆開始，經甘肅、寧夏、陝西、山西、河南、河北、遼寧、山東、江蘇、浙江、四川、廣西、雲南各地，雕造石窟群百餘處，其中南北朝時期就有二十多處。著名的有甘肅敦煌莫高窟、甘肅酒泉文殊山石窟、甘肅張掖馬蹄寺石窟、甘肅永靖炳靈寺石窟、甘肅天水麥積山石窟、甘肅慶陽寺溝石窟、寧夏固原須彌山石窟、山西大同雲岡石窟、遼寧義縣萬佛堂石窟、河南洛陽龍門石窟、河南鞏義石窟寺石窟（圖10）、河南澠池鴻慶寺石窟、河北峰峰響堂山石窟、山西太原天龍山石窟、江蘇南京棲霞山石窟等。新疆、甘肅等地的石窟，由於地質條件的限制，難於雕刻石像，因此多為泥塑造像，並在窟壁滿繪壁畫，特別顯得絢麗多彩。但建窟制度傳到中原後，由於石質堅細，適宜雕像，如雲岡、龍門等石窟，則雕刻代替了壁畫。雕工用銳利的雕刀，經過精雕細刻，呈現出與壁畫同樣的絢爛景象（圖11），而且更堅固耐久，千年不變。

在北朝盛行大舉營造石窟的同時，信士們

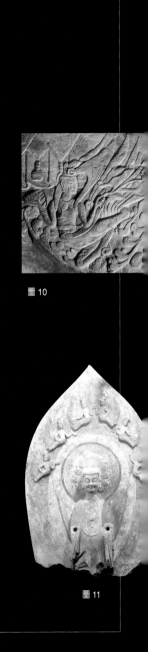

圖10

圖11

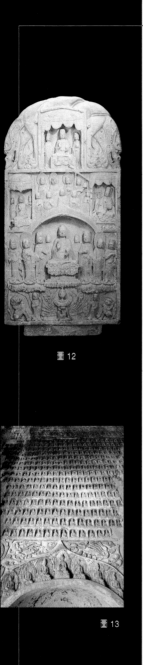

圖 12

圖 13

為了單獨供養及移運的便利，除了為數甚多的銅鑄（包括小型金像）、木雕和夾紵漆像以外，在石窟雕像的影響下，還盛行石雕造像碑（圖12）以及個體的石造像。所有這些製作，都是信士們為了祈福禳禍、還願消災所造，多安置在一些寺廟或佛堂中。在南朝，由於石窟少，廟宇多，銅鑄木雕佛像更為流行。史載：南朝梁武帝蕭衍篤信佛教，曾遣使印度摹製佛像，所以當時京城建康（今南京）各大寺院製作了大量的銅鑄佛像和檀木雕像。

中國的造像碑同一般記事碑碣及佛教經幢一樣，都是豎立在寺廟或公共場所，其形制有千佛碑及佛龕造像（圖13）兩種，實際上，這種形式可說是石窟造像的一個縮影。所謂千佛碑，多雕成橫豎成行、千篇一律的小佛像（賢劫千佛），以致在形象上顯得格式化。而佛龕造像則有種種變化，碑形也是多式多樣的。由於造像碑多係在碑的各面雕刻佛龕造像，佛龕多精巧玲瓏、左右對稱，上有精雕細鑿、裝飾華美的龕楣。形制雖小，但雕刻內容極其豐富，因此同樣有很高的藝術價值。如河南博物院藏的北周保定五年（五六五年）的釋迦牟尼佛像碑（圖14），就是北朝造像碑的出色之作。這種造像碑和石雕造像，近年在中國北部地區多有出土，特別是陝西、河南、山西、山東等地，因為這些地區都是北魏到北齊、北周約一個多世紀的國都或佛寺集中地，故至今還

遺留有不少優秀作品。

　　在南北朝時期由於佛寺的大量興建，各類佛、菩薩造像製作很多。史上記載，南朝陳武帝曾有重修金陵（當時的國都建康）七百餘寺的巨大工程及鑄造金銅佛像一百二十萬尊的壯舉，而北魏在遷都洛陽以後，除開鑿了龍門石窟以外，也傾其國力興建寺宇和鑄造佛像，可見南北朝佛教造像的空前盛況。在造像種類上，由於中國的金屬工藝早已發達，故當時銅鑄佛像很流行，單體的、可以移動的佛教造像，特別是小型鎏金銅像，在南北朝時代製作很多。其次還有木雕佛像及銅片錘鍱像或夾紵漆像，都是爲了搬移便利和供養方便而製作的。因爲當時佛教的信仰特別興盛，每逢節日，多抬佛像遊行街市。據載這種風氣在魏都洛陽特別盛行，每當遊行之日，王室宮廷派出護衛儀仗，演出絲竹雜技，儼如皇家祭典，居民空巷出拜，熱鬧非常。這就是南北朝時期錘鍱、銅鑄、木雕和夾紵漆像盛行一時的主要原因。而石雕佛像則多產生在石料豐富的地方，而且仍是造像中的主流。一般的石雕單尊像，有的帶有背光，下置蓮座（圖15）或長方形須彌座，在座的四面或背光反面，有的還刻有各類供養人物或佛傳故事，以及造像主的發願文（圖16）和題名題記。

　　由此可見，在南北朝時期不管是石窟造像還是佛碑造像、單體造像、金銅佛像，都得到了極大的發展，構成了中國雕塑史上佛教

圖14

圖15

圖16

藝術的空前繁榮，取得了輝煌的藝術成就。在造像中，早期在風格方面相當程度地受印度「犍陀羅」風格的影響；而具體的形象，仍然是表現中國現實生活中的人的精神面貌。這種形象的創造，既不違背佛教要求，也不是雕塑藝匠們的憑空臆造，而是從現實生活中取得的美的典型，把佛像作爲現實中的人來表現的。通過對各種人物精神面貌和美的形象的刻畫，使神秘的宗教更能貼近現實生活，特別是將佛的脅侍菩薩塑造成和藹可親而端麗的少婦（圖17）、少女形象，使信眾樂於接近。其他如弟子、神王、武士、飛天、伎樂以及供養人等，也多是按照他們各自的身分性格和目的要求，結合著現實來創作的，能恰如其分地給人以真實感和美感，分別以溫良、恬靜、愉快、嚴正或雄強等不同的情緒感染著眾生。特別值得注意的是，這一時期的佛教造像，自北魏孝文帝改制以後，由早期受犍陀羅等外來影響的表現手法，逐漸發展演變爲中國化和民族化的鄉土風格，使南北朝佛教造像藝術從宗教的局限中逐漸解放出來，並逐步走向現實生活的道路，以嶄新風格邁入了中國民族藝術的優秀之林。

然而，在中國封建時期，由於社會的動亂，佛教造像常因劫難而遭受損失。歷史上的四次最嚴重的毀佛事件，北朝就經歷了兩次。第一次發生在北魏太武帝太平眞君七年（四四六年），因在出征中偶有一次見到僧寺

陳有兵杖，北魏太武帝大怒，認為佛教僧眾
圖謀不軌，於是就下令興道教、滅佛教，焚
毀經象寺院。第二次是北周武帝建德三年
（五七四年），鑒於當時佛教寺院經濟發展，
使官府賦稅蒙受重大損失，因而下令廢釋道
二教，盡毀佛道經像，沙門道士二百多萬還
俗。及建德六年滅齊，又下令盡毀北齊境內
的佛寺、道觀及其造像。經過這兩次大的劫
難，佛教損失極其慘重，尤其是佛教造像毀
壞損失是不可估計的。今天我們所能見到的
北朝造像，除一部份因埋入地下得以倖存
外，還有遠離城區的一些石窟和寺院裡得以
保存許多珍貴的佛教造像（圖18）。這些藝
術珍品，以其精湛的雕鑄技藝和鮮明的民族
風格，匯成浩瀚的雕塑藝術海洋，在中國雕
塑史上寫下了輝煌的一頁。

圖 17

佛教造像中國化的完成

佛教自東漢傳入，歷經三國、兩
晉、南北朝的發展，到隋唐時
代，更加空前的繁榮。佛教
造像藝術經過近六、七個世
紀的汲取融匯，已形成了中
國民族風格的藝術特點。隨
著大唐帝國的繁榮昌盛，人
們對宗教的信仰已轉向對美
好現實生活的熱烈企望。此
時的佛教造像，迎合了當時
的社會需要，趨向於世俗

圖 18

圖 19

圖 20

化，有的佛教經典中譯出的故事情節，彷彿就是當時世俗生活的寫照，可見唐代的佛教由禁慾的「出世」思想，走向世俗的「入世」境界。由於這種轉變，不僅擴大了佛教造像的題材範圍，更促進了中國佛教造像多方面反映現實，向世俗化的道路發展。至此，佛教造像這一舶來的藝術載體，在中國這塊具有悠久歷史文化和鮮明民族特色的沃土上，完成了中國化進程。

隋、唐時代，在佛教造像方面是繼北朝後的又一個空前繁榮的時期。隋代在時間上雖僅有三十多年（五八一－六一八年），但由於是繼佛教盛行的南北朝之後，特別在全國統一、經濟發展的條件下，把佛教作為統一思想的工具，因此佛教造像仍很興盛。隋文帝開皇元年（五八一年），正值北周武帝毀佛之後不久，文帝楊堅立即下詔復興佛法，修復周武時所毀的佛寺、雕塑佛像。接著還再三下詔，將散存民間的佛像交付寺院安置和修妝，以及嚴禁毀壞偷盜佛像等行為。至隋仁壽四年（六〇四年）的二十餘年間，共雕鑄金、銀、紫檀、夾紵及牙、石等造像十萬六千多軀，整修舊像一百五十萬八千九百四十餘尊，並令諸州各建舍利塔。民間計口納錢，抄經造像，宮廷貴族更成風尚。僅文帝一生造寺達三千七百九十二所，造塔一百一十座，使五嶽各有一寺。禮部尚書張穎捐宅為寺，也廣造金銅佛像，天台法師智顗一生募集，建寺三十六所，造鎏金、檀木泥彩塑

等像八十萬尊。煬帝繼位，造像之風未減，十年間所造佛像三千八百多尊，修復舊像十萬多尊。雖然這些造像多爲小型的金銀銅像（圖19），但有丈六丈八的大像，甚至還有高達十多丈的阿彌陀佛像。以上僅爲文獻記載，但就現時遺存的隋代小型鎏金佛像數量之多，足可證明其真實性。

隋代的造像藝術在窟龕造像中得到了充分的體現。寺院造像雖然很多，但由於後來一武一宗兩度滅佛，加上兵燹和火災摧殘，毀損甚多，只有小型的鎏金銅像和石雕像（圖20），國內外遺存尚多，且頗有可觀的精品（圖21）。其風格和樣式與石窟和寺院造像基本相同，且有種種創新。在形式和布局上，除帶背光的單尊立、坐像外，由於主尊兩側增加了二菩薩、二聲聞、二天王或二力士等脅侍立像，出現了三尊、五尊、七尊乃至九尊爲一鋪的而組合形式。有的在像前加上供養菩薩或供養人以及博山爐、護法獅子之類，還有在像後裝配菩提樹，並在樹枝間懸掛寶幡和瓔珞等物，更有的在枝葉上雕刻七佛者，儼然和窟龕造像結構相同。這些群像組合或複雜、或單純，變化多樣，頗富藝術情趣。如一九七四年西安南郊出土的隋開皇四年董欽造阿彌陀佛鎏金銅像（圖22），頗足代表隋代造像技術的精湛。主尊螺髮袒臂，趺坐於蓮瓣高足須彌座上，袈裟裹身，貼體透肌，衣紋流暢舒展，頭光火焰熊熊；左右脅侍菩薩寶錦冠帶，上身裸露，胸飾瓔

圖21

圖 23

珞，光耀燦爛，面帶笑容，與雙目怒視、筋骨凸起的金剛力士形成剛柔和諧的對比。這五尊組合像分立在帶有雕欄的高足佛床上，床前雄踞著兩隻護法獅子（圖23）。所有這些金光閃閃的造像，共同形成爲一件隋代小型金銅佛像的整體，而這一造像的技術工藝，除造像本身雕鑄精麗、造型完美之外，所有菩薩、力士以及蓮座、佛床等都有榫孔相對，可以拆合，隨身攜帶，隨地安裝供養。這種巧妙的裝置，充分體現了隋代雕塑工匠的才能智慧。

唐代佛教興盛，較隋尤甚，造像之風也更盛於隋。對佛教倡導不遺餘力，誦經拜佛之風，遍倡於民間，並由於封建經濟進一步發展，造像的規模更大。單從窟龕造像看，即足以了解唐代佛教藝術熾盛情況：莫高窟、炳靈寺、麥積山、北石窟寺、龍門、天龍山等處窟龕驟增。尤其是洛陽龍門石窟規模最大的奉先寺摩崖大龕，在寬三十六公尺、進深四十公尺的崖面上，雕出巨大的一佛、二弟子、二菩薩、二天王、二力士九尊像，中央主尊盧舍那佛連台座背光通高十七點一四公尺，作跏趺坐式，整體姿態安詳莊重，臉型略呈扁圓，雙眉修長，鼻翅細小，口唇纖

圖 22

美。由臉頰的飽滿和口鼻輪廓的端正、勻
稱，表現出一個聰明穎慧而又誠樸、溫厚的
中年婦女形象。由於此像開鑿於唐高宗和武
則天當政時代的咸亨、上元年間，並由武則
天「助脂粉錢二萬貫」營造工程，更由於所
雕主尊是光明普照、代表智慧的盧舍那佛，
因此有人把武則天「方額廣頤」的形象與大
佛相聯繫，認爲與盧舍那佛的形象特徵幾乎
完全吻合。總而言之，唐代雕塑家對佛的形
象所追求的，是莊嚴、溫和以及睿智而又富
於同情的外表的性格刻畫，使佛像成爲理想
化了的「聖賢」的象徵，佛像的身軀以及手
的姿態，都表達出一種寧靜的心境（圖
24），這種寧靜和慈祥的目光等因素結合在
一起，是在追求摹擬一個具有偉大感情和開
闊胸懷的形象。藝術家之所以能夠成功達到

圖24

這種意圖，主要原
因是：從生活中探
索能夠體現這些效
果的人物在感情上
的因素，進而對佛
的形象進行了自己
的解釋，賦予了自
己的感情與認識，
使佛像具有了曲折
地反映現實生活的
意義，更具有了鮮
明的民族風格。不
僅於此，唐代雕塑

圖25

家對菩薩和天王力士也有精深的表現。菩薩
那嫵媚的表情、美麗圓熟的身軀，已不再是
什麼天國的神秘人物了，儼然是一個唐代少
婦的寫真。赤裸的上身呈現出圓潤豐滿的乳
房，背部、手臂、腿部也從那「出水式」的
衣裙裡露出來（圖25），精美的衣裙飄飄然
地覆蓋在豐腴的肢體上，瓔珞披掛，雍容華
貴。不論是那曲膝低腰的柔美表情，還是種
種端麗的姿態，都體現了婀娜溫柔而優美的
女性特點。並且從那飽滿俊秀的臉龐上看不
出一點羞愧和不安的情緒，而是在那娟秀淳
厚的風度中，充滿了青春的活力。對天王、
力士的刻畫，總是充滿著力的表現。在塑造
正確的人體結構和體質的基礎上，總是誇張
地刻畫肌肉的隆起，給人一種壯健、強烈的
力量感（圖26）。特別是那些負荷佛座的力
士像，他們一個個曲身怒目，表現出重壓下
的吃力形狀。這些力士及天王的腳下，都踏
有鬼卒（或稱地神），咬牙切齒，顯得更為
吃力，軀體肌肉也更為擴張。這些鬼卒在其
他石窟和墓葬俑像中的天王、力士的腳下也
較常見，其用意在於表現天王、力士的威
力。這種藝術襯托手法，使主題意義在對比
之下更為突出。但這些被踏的鬼卒以及負荷
佛座的力士，其所流露的怒目切齒的形象，
似乎表現了不屈服於壓力的反抗精神。

　　這時期的造像題材還與佛教宗派有著密切
的關係。隋唐時期，由於對教義不同的理解
和寺院經濟的發達，產生了不同的佛教宗

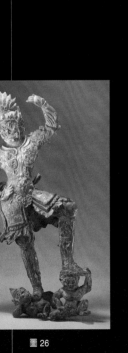

圖26

圖27

圖28

派，其中主要有天台宗、淨土宗、唯識宗、
華嚴宗、密宗、禪宗等，到唐代後期唐武宗
滅佛以後，大部份宗派衰微了，只有禪宗和
密宗還非常流行，這些情況在佛教造像中也
有反映。不同的宗派按各自的思想來安排佛
的形象，並且隨其興衰，形象也隨其變化。

　　天台宗是隋代智顗創立的，該宗的主要教
義根據是《法華經》。中國早期北朝石窟中
的許多造像題材，都與《法華經》在當時的
流行有關。隋代開始出現「法華經變」，內
容大增，其中以盛唐時期最多，表現更爲豐
富，五代以後逐漸衰少。淨土宗是隋唐之際
創立的，主要經典是《阿彌陀經》和《觀無
量壽經》等。淨土信仰在中國流傳很早，因
爲西方淨土崇拜的主像是阿彌陀佛，所以北
魏時就已出現了阿彌陀佛造像，但大規模的
阿彌陀佛造像，還是在淨土宗創立之後。特
別是盛唐時期，由於修行方法更爲簡易，加
上西方極樂世界那恍若仙境的宣傳，令人嚮
往，所以更受歡迎。淨土信仰除西方淨土外
還有彌勒淨土信仰，崇拜的是彌勒佛。彌勒
造像在隋唐之前較爲流行，到武則天以後數

圖29

量銳減。華嚴宗為唐代法藏所創立，因其以《華嚴經》為主要經典而得名。其崇拜的主尊是具有光明和智慧的盧舍那佛，龍門石窟盧舍那大佛是唐代造像中最大的盧舍那佛造像，而且是皇室開鑿，足見華嚴宗在當時的勢力。密宗是唐玄宗時期創立的，是印度密教傳到中國後形成的佛教宗派。其崇拜的最高尊神是毗盧遮那大日如來。國內的密宗造像，初唐時即已出現，如龍門石窟毗盧佛（大日如來）像和莫高窟的十一面觀音像，西安安國寺的十一面觀音石像（圖27）等。盛唐密宗形成後，造像種類和數量逐漸增多，尤其以菩薩像最多，多為多面多臂、手持各種法物（圖28）的形象，其中以觀音的種種化身為主，如大悲（千手千眼）、十一面、如意輪、不空羂索、數珠手、白衣、準提、三十三觀音等。還有千臂千缽文殊、地藏菩薩和八大菩薩之類。密宗特有的明王（圖29），據稱是佛、菩薩的忿怒相。一般是多面多臂，手持法物的忿怒相，有十大明王、八大明王之說。西安出土的白玉石雕刻的馬頭明王（圖30）堪稱唐代明王造像之精品。禪宗也是在唐代創立，所奉經典主要是《金剛經》和《楞伽經》等。造像多為羅漢，這些羅漢像主要是為了再現禪宗師承關係的，這一題材在唐以後的五代和宋時較為常見。

　　隨著大唐帝國的國勢漸微，佛教造像也隨之盛極而衰。特別在唐武宗會昌五年（八四

圖30

五年）出於與北周同一原因，下令盡毀國內佛寺四萬六千餘所，造像約三十萬尊，銅像鐘磬毀以鑄錢。經過這一劫難後，佛教造像藝術開始走向谷底，直至唐末，未有出現大規模的造像。五代十國的佛教造像，沒有新的發展，造像風格仍沿襲中、晚唐的造像風格，不出新意。雖然五代十國歷經了一個多世紀，但佛教造像卻很少見到。然而在後周（五代）世宗（柴榮）顯德二年（九五五年），也是出於前兩次同一原因，下令滅佛，此次盡毀佛寺三萬零三百餘所，又詔令「除朝廷法物外，應將兩京諸州府銅器物諸色，限五十日內並須毀廢送官」。這兩次間隔僅百年的大規模滅佛，使佛教一蹶不振，逐漸衰落下來。

佛教造像走入世俗化

在中國雕塑藝術發展史上，從十世紀到十三世紀的宋、遼、金這一歷史階段，已處於由盛而衰、逐漸走向下坡道的時期。佛教造像繼中、晚唐之後進一步趨向於世俗化，並與世俗生活相結合。由於腐朽的統治者在國家民族備受外族凌辱的社會條件下，精神意識消沈沒落，只一心嚮往於享樂奢靡的苟安生活；加上被籠罩於儒家哲學思想之下的宋代理學滲入到整個上層社會的思想意識中，因而拜佛供神已不爲統治者所依重，以致開鑿佛窟、修建寺院、雕造佛像之風習失去了發展的憑藉；並且由於城市商業的繁榮，促

圖 31

圖 32

圖34

圖33

使社會意識更傾向於現實，佛教教義必須結合於世俗的現實生活才能存在。在這種情況下，佛的形象也無形中走向世俗化和人間現實化，因此出現了宋代佛教造像多是接近於人的羅漢和觀音。另外，由於北宋在宣和初年，統治者一度信奉道教，曾詔令合佛、道為一教，稱釋迦牟尼佛為大覺金仙，菩薩稱為大士，佛、道造像衣冠可以通用，以致佛教傳統上的造像規範受到輕視，這也是宋代佛教造像在數量上減少、在形象上趨於世俗化的重要原因。

中國的佛教信仰到宋代已進入衰落期。這一時期的佛教造像在質量方面落後於繪畫藝術。但受禪宗的影響，那些地位低下的雕塑藝匠們充分地發揮了他們的創造才能，把宗教中的神，完全變成了現實生活中活脫脫的人，從而把神進行了世俗化。在造像題材上，除了佛（圖31）、菩薩（圖32）、弟子（圖33）之外，還注重表現禪宗師承關係的羅漢（圖34）。尤其是在佛部尊像中體現著

最高果位的羅漢像大量出現後，給宋代佛教雕刻增添了很高的聲譽。宋代的羅漢像多以十六、十八以至五百爲組群，其中不僅長幼年齡有別，人物面貌、性格不同，而且姿態、形神也迥然各異，出色地體現了宋代造像藝術世俗化、人性化的特點。因此，這些形體較小、又不拘一格的羅漢像，最具藝術性、最富現實生活趣味，完全是生活中修行僧侶的眞實寫照。甚至可以說，這些令人感到生動、親切的羅漢雕像，深刻顯示了宋代雕塑藝術有超越前人的卓異成就，使宋代佛教造像在繼北朝、隋唐以後，又一次閃爍出光彩。

遼代和金代的佛教造像，在中國北部的河北、山西以及東北各地遺留較多。從一般的製作來說，由於與宋代同時，並且是以文化低落的部族來統治中原，就必然要受到中原文化的影響，同時也必然要奴役漢族藝人爲其服務。因此，遼、金時代的佛教造像完全因襲或繼承了中原文化藝術的傳統。遼代的佛教造像，從整體造型風格上看，基本上是繼承了中、晚唐時期的造像特點，造像多神態自然，比例適度，肌體和服飾都具有其應有的重量感。容貌豐滿，衣飾飄帶流暢自然，尤以面露笑容的菩薩像（圖35）最爲生動。金代在時代上較北宋爲晚，其造像承襲了宋代以及遼代的風格。然而金代造像同宋代時期的造像又有明顯的不同特點，典型的金代佛和菩薩像（圖36），身體肥胖，胸部

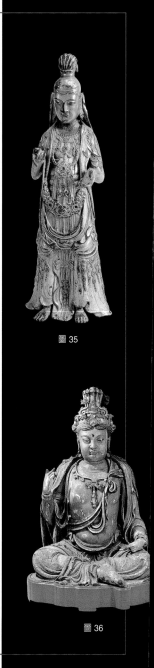

圖35

圖36

豐滿，體現著北方少數民族的粗獷氣質。雖然在形象上仍保持有傳統的寫實風格，但對服飾衣褶的處理，畢竟顯得重疊繁褥，大有身軀不負重荷之感，這種造型上的繁瑣，使金代佛教造像更顯世俗化，表現出一種頹萎現象。

宋、遼、金時代的佛教造像在質地上要比前期有所發展，採用材料更廣泛，主要有石雕、鐵鑄、泥塑（圖37）、木雕、夾紵、瓷塑等種類。由於質地和雕塑技法的不同，因而呈現出不同的藝術風格。由於這時期遼、金兩代的佛教造像較少，就宋代佛教造像而言，不同的質地顯示著不同的藝術效果。尤其是瓷造像，更是其他時期無可相比的。

宋代的製瓷業非常興盛，可謂是中國製瓷業的「黃金時代」，瓷窯遍布全國各地，每一瓷窯都集中一些擅長雕塑的製瓷匠人，他們熟練地運用凸雕、堆塑、貼塑、堆紋等多種技藝，並輔助以刻紋、劃紋、剔紋等雕刻技法，使之一件件瓷造像形象生動、栩栩如生，因而這一時期的佛教造像中，瓷造像有著重要地位。在宋瓷造像中，主要塑造的形象是釋迦牟尼佛、觀世音菩薩和羅漢、天王、力士等，如宋代潮洲窯白釉釋迦像（圖38）通體為白色釉，造型優美，富於變化，為宋代瓷佛造像之佳作。另外，宋代的木雕佛像也很盛行，由於宋代佛教寺院比較發達，上層社會以及下層平民為了祈福禳災，家裡多設佛堂供奉佛像，加上宋代木雕技藝

圖37

精湛，因此便出現了大量的木雕造像。這些木雕造像大都比例準確，衣紋的雕刻運刀細膩自如，手與面部的雕刻都經過了打磨，使之表面光滑不見刀痕，突出肌肉的質感。特別是木雕的觀音和羅漢，造型頗有出色者，羅漢的個性極強，裝飾上多飾彩繪，臉塗紅色，髮染黑色，服飾多塗綠、黑等色彩，使造像更具生活氣息，這也是佛教造像世俗化的具體表現。

佛教造像趨入神秘化

中國封建社會到元、明、清三代，由於社會經濟，尤其是社會思想意識的轉變，使得人們對於宗教的信仰起了很大的變化。佛教勢力在這一時期已漸趨衰落，但在西南邊疆西藏卻得到了空前的發展。由於元朝統治者崇信通行於西藏（吐蕃）的喇嘛教，元世祖曾封喇嘛教法王八思巴爲「國師」和「大寶法王」。因此，元代的喇嘛教造像頗爲盛行。由於教義以及地區、民族習俗的不同，因而所供奉的佛在形象上與一般常見者有別，主要是結合藏族古代習俗，並吸收了較多的印度成分，以致佛、菩薩像多數赤裸，僅有簡單的瓔珞、臂釧等裝飾（圖39）。這一教派中的舊教（即盛行於元代的紅教），造像中很多奇形

圖38

圖39

圖 40

圖 41

怪狀的佛像，也有類似於一般的佛、菩薩像。從較多見的銅鑄菩薩像來看，在造型上雖然接近於印度形式，但與中國佛教鼎盛時期的唐代造像，似有某種繼承關係。

元代佛教造像，除少量的石窟雕刻和寺院泥塑外，最多見的是藏傳佛教的密宗造像，這些密宗造像多爲銅質（圖40），便於攜帶和保存。藏族人民早就會開採銅、金、銀、鐵等礦產，用以製造和打製工具。自唐代佛教在西藏傳播和發展以後，金屬冶煉和鑄造之法則更多地用於製造佛像，具有較高的金屬鑄造和雕刻水平。隨著漢人雕刻工匠進藏，進一步推動了冶煉和雕鑄技術的發展，使藏地的佛教造像得到了空前的繁榮，隨之也把漢地的造像風格帶到了西藏。這樣，在造像的工藝和風格上，西藏的喇嘛技師們把印度、尼泊爾和漢族地區的造像特點兼容並蓄，形成爲藏族佛教造像的傳統風格。

西藏的佛教造像多以銀、銅和錫的合金爲原料，有的是用金、銀、銅、鐵、鉛、水晶、石墨和汞爲原料合成鑄造的。造像的工序爲冶煉、翻砂、雕刻、磨光。有時將玉石、珍珠等鑲嵌在佛像上，採用包、鉤、箍的技術，將金、銀、銅製作的葉、片、絲環等飾物安裝在造像上，巧妙的結合一體，使之豪華絢麗。

明代是以漢族統治中國，在奪取蒙古族的政權之後，又恢復漢民族的文化傳統，促進了造型藝術中的佛教造像的發展。但是在唐

末五代和宋代已經形成的嚮往盛唐和學習盛
唐的社會傾向，明代仍然繼續，並且由學習
盛唐降格爲學習唐、宋。明代的石窟造像極
少，多爲寺廟塑像和小型的金銅佛像。由於
寺廟造像一般都比較高大，不易移動，所以
那種移動方便、便於供奉的金銅佛像和木雕
造像便盛行開來，尤其是金銅佛像，更爲上
層社會和貴族階層所供奉。特別是皇室對藏
傳佛教的信仰和支持，使金銅佛造像得到了
空前的發展。

　明代開國之初，明政府十分注意同邊疆少
數民族協調關係，特別是藏族地區的宗教上
層，互遣使者通誼，贈換方物，史不絕書。
北京的藏傳佛教寺院，常駐的僧人達數百人
之多。明代皇室也多信奉西藏佛教，宮中關
有佛堂，一年中有各種法會。爲了適應明廷
的佛事和賞賜施供的需求，宮廷內設佛作，
專門製作佛像法器。御用監佛作的工匠是從
各地舉薦而來的有特殊技藝者，內中自然有
藏族等少數民族和尼泊爾等域外人。西藏佛
像可說是一種具有濃厚民族特色和地方特色
的工藝，因此出於藏族工匠和漢族工匠之手
的佛像，在風格上截然不同。藏佛（圖41）
造型優美，比例舒適，手、腳等細部極有寫
實性；而漢佛造型端莊工整，頭部偏大，姿
態比較僵板，手、腳等刻畫概念化，總體上
趨於程式化。由於這些皇室御造的佛像，在
風格上主要來源於西藏，但又和西藏本土造
佛像不完全相同，既符合西藏佛像的「相好」

圖42

圖 44

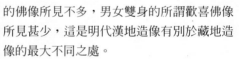

標準，又有內地佛像的衣紋流暢、富麗華美，是一種能夠體現出皇室氣派的雍容華貴的佛像樣式。在這些御用監佛出品的銅佛像中，多數爲顯宗的釋迦牟尼佛、長壽佛（阿彌陀佛）、觀世音菩薩（圖42）、文殊菩薩、白度母（圖43）、綠度母等，尤以各種度母像數量多而造型精美。由於係官造，加上漢族傳統儒家思想的影響，指導思想上尊揚顯宗，那種密宗的多手多臂、形象怪誕的佛像所見不多，男女雙身的所謂歡喜佛像所見甚少，這是明代漢地造像有別於藏地造像的最大不同之處。

　　明代的木雕佛造像保留的也很多，這個時期的木雕像，可以看出雕刻者是以現實人物爲對象而製作的，不管是人物的形象，還是佛與羅漢的服飾，都是當時流行的樣式，因而更能傳達現實感給予觀者。在造型上採用簡練明快的手法，圓渾生動，具有很高的藝術水平。

　　清代是中國封建社會最後一個朝代，也是封建社會顯著走向下坡路的時代。漢地佛教造像多是模仿前代（圖44），缺少創造精神，造型顯得軟弱鬆弛，缺乏生氣，這種現象，尤以清代後期更是普遍存在。藏系佛像也多承襲明代而進一步趨向神秘化，只是在

圖 43

表現手法上顯得纖巧無力，好像只有技術上的細緻精巧，卻缺乏藝術的感染力。偶爾也有精采之作，仔細觀察可看到，多是吸收了藏地佛像面相端正、比例適當等優點，而融以漢地傳統技法而來的。

清代的佛教造像主要是宮廷和藏族地區以及漢地民間造的「喇嘛教」銅造像。尤以宮廷造像（圖45）和藏地造像（圖46）最精。宮廷造像以小型為主，由中正殿畫佛，喇嘛先畫紙樣，再塑蠟像，後交造辦處鑄造。重要的佛像，每道工序都要皇帝審閱，不合要求處要反覆修改，最後請大喇嘛裝臟開光。宮廷造像匠師也同明代一樣，不僅有內地工匠，還有西藏與尼泊爾工匠。西藏與尼泊爾等地的外來工匠把他們精湛的製造工藝傳到宮廷，與北京地區傳統的造佛工藝相結合，創造出一種清代宮廷造像風格。宮廷造像嚴格遵守西藏佛像精確的比例和精心的製作標準，且選材貴重，大量使用金銀珠寶，加上做工精細，表層加工光滑，鍍金鋥亮，製作工藝超過同期的西藏造像。但造型多完全一致，不如西藏佛像生動，不免流於呆滯，缺乏內在神韻。西藏造佛像種類繁多，異彩紛呈。由於受到造像法的嚴格限制，許多佛像也是僵硬呆板。但技術高超的匠師們在儀軌允許的範圍內，充分施展了藝術才華，創作出大量藝術精品。他們把佛的莊嚴慈祥，護法神的威猛粗獷，菩薩的清秀恬淡，度母的豐盈嫻暢，刻畫得淋漓盡致，顯示了藏族人

圖45

民優秀的藝術才能。另外，在藏傳佛教中，歷代聖賢祖師的地位崇高，他們的造像，是清代藏地佛像中重要的一類，有蓮花生、宗喀巴、歷世達賴和班禪等。這些造像造型簡潔，沒有過多裝飾，著重表現面部形象，注意五官、年齡、體徵等，具有很高的藝術水平。因此可以說，藏傳佛教造像是清代佛教造像中具有代表性的一枝綻放的奇葩，至今仍保持著奇強的生命力，永不凋零，爲中國的佛教造像藝術注入了新鮮血液，煥發出耀眼的青春之光。

圖46

漢、十六國時期

　　隨著佛教的傳入，佛教造像自東漢晚期便開始出現了。漢代佛像高肉髻、有圓形頭光，結跏趺坐，手施無畏印，這些特徵已成爲後來佛像的基本定式。但這些漢代的佛像大多混雜於表現世俗生活以及神仙道術的圖像中出現，其形象均未脫「神仙像」的窠臼。由於這些佛像深受漢代畫像石的影響，多以畫像石的雕刻技法雕出，稚拙古樸，顯示出中國佛教造像的原始性。

　　十六國時期（三○四-四三九年），我國北方和南方少數民族地區佛教盛行，佛教造像也日益興盛。這一時期的佛教遺跡和金銅佛像至今遺留尚多。造型上多爲跏趺坐式，雙手施禪定印，束髮型肉髻，額頭較寬，眼大而橫長，通肩大衣，胸部衣紋呈U字形平行排列，斷面呈淺階梯形。這種衣紋是犍陀羅佛像慣用的一種衣紋，它是由寫實性的、立體感很強的衣褶簡化而來的呈圖案化的衣紋。佛座多爲單純的方檯座和四足束腰須彌座。

　　這時期的佛教造像，主要接受的是從犍陀羅地區經由西域而傳入的圖樣，帶有明顯的犍陀羅佛像特徵，然而在佛教藝術傳入中土的過程中，由於融入了中國固有的審美意識，所作佛像已不是印度佛像的單純模仿，而是具有中國樣式的獨創。那些雕塑匠師們在雕造佛像的過程中，完全從當時社會的審美觀及需要出發，在吸收外來藝術菁華的同時，也在進行民族風格的探索，進而將古代造型藝術中優秀的現實主義傳統進行深化，使造像更形神兼備。

青釉褐彩壺

擺脫神仙像窠臼

中國早期的佛造像多混雜於世俗題材
中，在這件青釉褐彩壺腹部貼塑的佛
坐像，高肉髻，圓頭光，結跏趺坐，
身著通肩大衣，衣紋呈U字形重疊排
列，方座兩側有二獅子。這種獅子座
和U字形重疊排列的衣紋及圓形頭
光，成爲後世十六國時期流行的定型
化的佛教造像形式，已不再有前代佛
像出現的中國神仙才有的羽翼，而具
有明顯的犍陀羅佛像的風格，說明此
時的佛教造像已擺脫漢代佛像神仙像
的窠臼，可謂是兩晉十六國佛教造
像興隆期的開端。

佛道相容

這件造型精美的青釉褐彩壺，
一九八三年江蘇省南京市雨
花台長崗村三國時期的墓中出
土。盤口、束頸、圓鼓腹、平
底、器蓋呈圓弧形、蓋鈕爲鳥
形。米黃色胎上先用褐彩通體繪
紋飾，局部貼塑，外罩青黃色釉，
有剝落。蓋面繪人面鳥形動物，蓋內
繪仙草和雲氣，頸部繪七隻靈獸。腹
部貼塑鋪首和雙首連體的鳥形獸以及
作趺坐式的佛像，並以褐彩勾勒。其
間彩繪二十一個持節羽人分列上下，
以仙草和靈氣環繞。這件集外來的佛
教造像和本土的道教題材混雜一起的
青釉褐彩壺，成爲三國時期罕見的佛
道相容的藝術載體。

青釉　三國・吳（222-280年）
壺高32.1公分　江蘇省南京市博物館藏

38

鎏金銅佛坐像

身姿和特徵

這尊刻有「後趙建武四年」銘文的佛像，是目前存世最早有紀年的中國十六國時期鎏金銅佛造像。佛結跏趺坐於方形台座上，雙手作禪定印，高肉髻式的髮型。寬闊的面額上嵌著一雙橫長微閉的大眼，顯示著智慧和慈祥，那豐潤的面頰和微啟的薄唇，已看不到犍陀羅佛像中高鼻深目的雅利安人的遺容，卻具有蒙古人種的特徵。但胸部衣紋呈U形平行排列的通肩大衣，還保留著犍陀羅藝術的明顯特點。方座前遺留三個圓孔，當年是插寶瓶、花束之類附屬物用的，原有背光也已脫落。

鎏金銅　後趙建武四年（338年）
通高39.7公分　美國舊金山亞洲藝術館藏

釋迦牟尼

釋迦是種族名，牟尼是「聖人」的意思。釋迦牟尼是佛教的創始人，本姓喬達摩，名悉達多，生於西元前五六五年，卒於西元前四八五年，大致與中國儒家創始人孔子同時代。相傳釋迦牟尼是當時北天竺（尼泊爾）迦毗羅王國淨飯王的太子，因感於人世生、老、病、死的種種苦難，二十九歲時毅然捨棄貴族生活，出家修道，經過六年的苦修靜思，終於在伽耶城菩提樹下悟道，號為佛陀（覺悟者）。此後一直在印度北部和中部恆河流域進行傳道活動，並組織了僧團，奠定了原始佛教的基礎。八十歲時在拘尸那迦城（今印度北方）逝世。

鎏金銅佛坐像

犍陀羅風格明顯

十六國時期的佛像和前一時期的不同之處是：前一時期的佛教造像混雜於世俗題材中，十六國時期則定型化的單獨佛造像普遍出現，不僅數量多，而且造像形式較穩定，具有一定的規模規範。可以說中國的佛教造像在此時迎來了它的隆盛期。然而此期造像多受犍陀羅佛像影響，具有濃郁的西方格調。

從這尊鎏金銅佛坐像可以看出，佛之面容雖已改犍陀羅佛像長圓臉、半開眼的造型，而為圓臉大眼的蒙古人種特徵；但其束髮形水波紋高肉髻，禪定印，兩臂總覆式通肩大衣，以及胸前呈U字形平板重疊式衣紋，明顯含有犍陀羅佛像因素。還有那四方檯座和座前兩隻護法獅子，也是犍陀羅佛像常見的構圖。可視為具有明顯犍陀羅佛像風格的中國早期北方造像。

鎏金銅　十六國（400年左右）
高11.4公分　寬8.9公分
美國納爾遜藝術陳列館藏

中書舍人造佛坐像

鎏金銅　大夏勝光二年（429年）
通高19公分
日本大阪市立美術館藏

受犍陀羅風格影響

此像爲匈奴赫連夏所造。頭飾束髮式高肉髻，面頰寬闊，眼大而長，著通肩大衣。值得注意的是呈U字形平行排列的胸部衣紋，將具有寫實性的立體感衣褶簡化而呈圖案化，斷面呈淺階梯形。其方檯座旁二獅子中置水瓶花葉，這種構圖深受犍陀羅風格影響；而佛像下面的四足佛床，卻是中國的發明，這是從漢代的四足矮榻和魏晉的壺門榻床借用來的。

佛座四足刻有發願文：勝光二年已巳春正月朔日，中書舍人施文爲闔家平安造像一區。

融西臘風格的犍陀羅藝術

西元一世紀，原居住在中國西部的月氏人南進，佔領印度西北部，建立了貴霜帝國，定居犍陀羅（今巴基斯坦白沙瓦和毗連的阿富汗東部一帶）。其第三代王迦膩色迦崇信佛法，並在貴霜疆域內大規模雕鑿佛像。由於貴霜統治的地區長期受希臘文化的影響，所以這一時期佛像雕刻帶著濃厚的希臘風格，被看作是印度的感情和希臘藝術的結合。其特點爲：佛像臉作橢圓形，眉細長，深目高鼻，薄唇，波浪式髮髻。但頭頂上的肉髻、眉間的白毫（智慧的光源）和頭後的圓光表明了佛陀的印度身分。面部表情平靜而莊重，流露出沈思內省的儀態。身披袈裟近似希臘長袍，衣褶厚重，顯出毛料質感。

南北朝時期

　　南北朝時期的佛教造像藝術，主要經過了對外來藝術的容納與改造的過程。

　　北朝早期佛教造像，仍帶有印度和犍陀羅等地風格。北魏初期的造像中有兩種不同的樣式，其中一種佛像更融入了印度笈多王朝（三二〇-四五〇年左右）馬土臘地區的佛像因素。到了北魏和平年間（四六〇-四六五年），佛像均爲袒右肩式袈裟，大衣領有褶帶紋，内著紋線細密的僧祇支（即佛上身穿的袒右肩式内衣），磨光髮髻或螺髮，趺坐在四方形無足台座上，台座正面刻香爐、供養人、獅子，這種樣式對後來的佛教造像產生了極大的影響。特別值得注意的是北魏太和年間（四七七-四九九年）的佛教造像，造型端莊凝重、衣紋遒勁有力，佛像直挺的高鼻和薄嘴唇以及衣紋的制法還保留著犍陀羅佛像的痕跡，但已與中國的固有審美趣味完美結合，毫無生搬硬套之感，也無十六國造像所呈現的那種拘謹感，又不似後世佛像有陷入世俗化的傾向。這種造像樣式在北魏孝文帝遷都以前（四九四年）最爲流行。北魏孝文帝爲加強對中原地區的統治，消除鮮卑族和漢族間的隔閡，實行了一系列的漢化政策，改胡姓爲漢姓，禁胡語講漢語，禁胡服穿漢服。特別是太和十八年遷都洛陽後，孝文帝的漢化改革在佛教造像中反映出來。佛和菩薩的面相由豐潤適中瘦削成爲一般美的形象，趨向南朝流行的「秀骨清像」的形象。

　　南北朝晚期的北齊北周的佛教造像，在風格上又有了新的變化，佛的面相由瘦長的臉型，又轉化成半圓的樣子，但又不像早期佛像圓而胖，臉型較長一些，髮髻多爲螺髻。

　　長江以南的南朝造像，現能見到的多爲銅鑄小型佛像，較大的石雕像殊不多見。據四川省博物館藏的南朝梁普通四年（五二三年）康勝造釋迦牟尼佛像，主尊釋迦頭梳高肉髻，著褒衣博帶式通肩大衣，下垂於台座，衣紋瀟灑流暢，儼然爲風流名士。左右二菩薩上身赤袒，下著長裙，帔帛繞肘外飄，俊逸秀麗。這件造像可說代表著南朝造像的藝術風格。

韓謙造佛坐像

南北特色兼容

這件佛像爲南朝造像，然其特徵均與北方佛像基本一致，但束髮式高肉髻，兩耳垂肩，細眉大眼，直挺的高鼻和微啓的薄唇以及豐滿秀潤的面頰，已不再有北方佛像蒙古人種的面部特徵，顯現出江南固有的清秀美。佛披袈裟與北方造像基本相同，只是衣紋較爲繁縟，胸部衣紋呈U形平行排列，仍然深受犍陀羅藝術影響。背光已不同於印度的單純的圓背光，外圍增加了火焰紋，給人以佛光四射的感覺。束腰疊澀式須彌座和四足方床均爲中國所獨創。

鎏金銅
南朝宋元嘉十四年（437年）
通高29.2公分
日本永青文庫藏

藍毗尼園

據說淨飯王夫人摩耶臨產期將到，按當地習俗回母家分娩，途經藍毗尼園時，在一棵娑羅樹下從右腋生下悉達多太子。近代考古學家發掘藍毗尼遺址，遺址中央是摩耶夫人祠，祠內有摩耶夫人誕子浮雕，可惜已殘破。一八九七年在摩耶夫人祠西面發現了阿育王石柱，上面用婆羅謎字體鐫刻下了「天愛善見王（即阿育王），即位二十年，因釋迦牟尼誕生於此地，親來敬禮，王命刻石，上作一馬，是爲世尊誕生地。故免藍毗尼村之一切租稅，以示惠澤」。《大唐西域記》中對此石柱也有記載：「有大石柱，上作馬像，無憂王（即阿育王）之所建也，後爲惡龍霹靂，其柱中折撲地。」由此可見，藍毗尼園（今尼泊爾的南部魯明台鎮）是釋迦牟尼佛的誕生地。

劉國之造佛坐像

特徵及影響

此像與南朝宋元嘉十四年韓謙造佛像類似，佛結跏趺坐於四足束腰須彌座上，施禪定印。頭為束髮式高肉髻，面額寬闊，細眉大眼，高鼻小嘴，容貌平靜，儼然一沈思的貴婦。衣紋與佛座同於韓謙造像，這種帶有犍陀羅風格的衣紋和具有漢民族風格的四足束腰須彌座，似為此期南朝造像的共同特徵。佛身舟形背光以陰線刻出裝飾性紋飾和火焰紋，並在佛之上方及左右方各刻一禪定坐佛，均有舟形背光，且光芒四射。這三尊刻在背光上的佛像，應是豎三世佛，這種題材的出現對以後寺院、石窟寺造像的組合有極大影響。

鎏金銅　南朝宋元嘉二十八年（451年）
通高29.3公分
美國華盛頓菲里亞美術館藏

三世佛

在有些石窟的洞窟中或寺院的大殿內並列三尊佛像，多是「豎三世佛」，即代表佛的過去、現在、未來，形象表現為：居中者是現在釋迦牟尼佛，兩旁的是過去的燃燈佛和未來的彌勒佛。另一種三尊佛像的形式叫「橫三世佛」，表現的是中、東、西三個不同世界的佛。中間是我們這個世界的釋迦牟尼佛，兩旁是文殊菩薩和普賢菩薩；右邊是西方極樂世界的阿彌陀佛，兩旁是觀世音菩薩和大勢至菩薩；左邊是東方琉璃世界的藥師佛，兩旁是日光菩薩和月光菩薩。

彩繪石雕佛立像

俊雅飄逸的北魏晚期佛像

這件下部殘缺的石雕佛像，是山東青
州龍興寺佛像窖藏出土的眾多較為完
好的造像之一。蓮瓣形光背式造像，
佛頭飾高肉髻，面相清俊秀美，髮際
分明，臉上下略長，眼若纖月，眉作
半弧，鼻翼豐滿，嘴角略向上翹，呈
微笑狀。平胸削肩，內著僧祇支，胸
前束帶打結，外穿褒衣博帶式大
衣，右側衣襟甩向左臂，在胸前
形成U字紋，下身著裙，下腹
向外微凸。雖然兩手和自膝
下的兩腿已殘，但仍能看出
北魏晚期佛教造像所共有的
那種俊雅飄逸之美。

石質彩繪　北魏（386-534年）
殘高121.5公分　山東省青州市博物館藏

46

鎏金銅佛像

鎏金銅　北魏（386-534年）
通高21.5公分　河北省博物館藏

北魏早期鎏金銅像的造型

　　此像爲一九五五年河北省石家莊市北宋村出土。佛結跏趺坐在方形台座上，束髮式高肉髻，面帶微笑，寬額高鼻，具有蒙古人種的面部特徵。身著通肩大衣，其U字形衣紋是犍陀羅佛像貫用的形式。座前的博山爐和二護法獅子，其原型仍是受犍陀羅佛像影響。與後趙建武四年（三三八年）佛像亦屬同一類型。台座下的四足方座，具有中國秦漢時期四足方几的特徵，佛床上陰刻的雲氣紋與印度佛像中的三角形紋飾，有著顯著的不同。背光上雕鑄二弟子、二飛天。

　　該像爲分別雕鑄，組裝而成，四足佛床、二坐佛、二弟子、二飛天、背光、傘蓋均可拆卸，坐佛背後環鈕穿過背光鏤孔，安插寶蓋傘柄，傘蓋上的十數個小孔，原繫鈴，今已佚。該像雖無紀年，但其U形衣紋、束髮式肉髻、佛下方的二獅子以及四足方座，都具明顯的十六國時期我國北方佛像的特徵，然其傘蓋上的蓮瓣裝飾以及四足方座上的陰線刻花紋，則較爲流暢生動。故時代當爲北魏早期（四○○年左右）作品無疑。

交腳彌勒像

石灰岩　北魏皇興五年（471年）
通高87公分　陝西省博物館藏

彌勒像的造型及身世

此像出土於陝西省興平縣，石灰岩雕造。渦卷式髮髻，額上法紋呈一右旋輪狀，方臉大眼，兩耳垂肩。身穿圓領通肩大衣，兩臂總覆，隆起的衣紋上加刻陰線。兩臂屈於胸前作外縛印。兩腿交叉，端坐於長方形佛座上，一夜叉舉雙臂承托著彌勒的兩隻大腳。背光上雕火焰紋和小佛像。

佛教傳說彌勒將繼釋迦牟尼佛位爲未來佛。《彌勒下生成佛經》記載：其生於婆羅門家庭，成爲佛弟子。佛滅度後，又經四千歲下生人間，於華林園龍華樹下三會眾生應世成佛。其在南北朝時多作菩薩形象，交腳或立像。隋唐後改作佛像。宋元後又出現自稱彌勒轉世的布袋和尚的彌勒像。

七層刻畫──佛教故事圖

造像背面分七層刻畫佛傳故事。上層刻「九龍灌頂」，釋迦手指天地聲稱「天上天下，唯我獨尊」和樹下思維。第二層刻騎象投胎、仙人占相和太子誕生。第三層爲諸天說服釋迦離家修道。第四層刻釋迦前生爲儒童時，因買女瞿夷的蓮花獻給燃燈佛，佛授記儒童將來成正果。第五層是儒童買花和陰魔首中見到的鐵鍋煮人等恐怖情節。第六層是釋迦在般茶婆上修道，收目犍連、舍利弗爲弟子，終成正果。最下層刻四個神王像，人物身姿動作富於表情。類似我國早期的連環畫。

釋迦牟尼佛像

「鄜縣式佛像」的特徵

這種衣紋綿密、平行排列的佛像在陝西鄜縣（今富縣）一帶多有出土，被稱為「鄜縣式佛像」，直挺的高鼻和薄嘴唇以及衣紋的制法均能窺見犍陀羅佛像的痕跡。四足方床以及火焰紋舟形大背光，仍沿襲十六國時期的造像風格，只不過已將束腰須彌座改變成圓形覆蓮座，這種佛座，最早出現於北魏早期，多為立像而設，顯示出佛教造像的整體美。該像雖無具體年代，從其火焰紋背光和服飾衣紋看，與河北省滿城縣景陽驛鄉孟林出土，現藏河北省博物館的北魏延興五年（四七五年）張戴造釋迦牟尼佛立像極為相似，亦應屬延興年間（四七一-四七六年）的作品。

銅　北魏（386-534年）
通高35.5公分　上海博物館藏

鎏金銅佛像

鎏金銅　北魏（386-534年）
通高15公分　上海博物館藏

兩面均有造像

此像正面爲釋迦牟尼佛禪定坐像。束髮式肉髻，衣紋繁縟細密的通肩大衣，已將兩臂總覆，看不見內衣的形式。造型端莊凝重，已無十六國佛像所呈現的那種拘謹感。特別是在第二層圓形大頭光內雕造了九尊小佛像，這是千佛題材的簡化形式，多見於石窟造像。

在舟形背光的背面雕刻人物十七尊，分三層雕造。這種造像形式在北朝早期及其以後的石窟寺和石刻造像中較多見。然而在這尊僅有十五公分高的造像中雕刻十七尊雕像實屬罕見。

多種佛

佛教思想認爲，在一個世界中，一個時期只有一個佛教化眾生，但空間是無限的，無限的空間有眾多的世界，也就有無數的佛；就時間來說，世界可以週而復始，一佛的教化終盡以後，又有其他的佛繼而教化，所以在一個世界中，佛也是無數的。釋迦牟尼佛只是此世界中此時期的教主。經常被表現的其他佛有未來世的彌勒佛，過去世的燃燈佛，此世界現階段賢劫的千佛，西方極樂世界的阿彌陀佛和東方琉璃世界的藥師佛，以及經常表現爲同釋迦牟尼佛並坐論法的多寶佛等。

楊僧昌造佛像

剛健有力的金銅佛造像

北魏太和年間的金銅佛像製作精美，
形體高大，以其剛健有力、紋飾精細
而達高峰。楊僧昌造鎏金銅佛像，可
謂此期佛像的典範之作。佛頭上為淺
波浪紋髮髻，額上正中法紋呈右旋輪
狀，右袒式袈裟，內著僧祇支，衣紋
平行綿密，隆起的衣紋上加刻陰線，
大衣口有褶帶紋。寬大的宣字形四足
佛座，束腰部為二仰首獅子，配加一
大舟形舉身光背（光背已脫落，留下
身後安裝光背的榫卯），是太和期佛
像的典型構圖，造型端莊凝重，衣紋
遒勁有力。佛像直挺的高鼻和薄嘴唇
以及衣紋的制法，尚能窺見犍陀羅佛
像的痕跡，但已與中國固有的審美趣
味完美結合，毫無生搬硬套之感，既
具有力度，又不失精細，呈現出一種
剛柔相濟之美。此種樣式在北魏孝文
帝太和十八年（四九四年）遷都洛陽
前的西北地區較為流行。

鎏金銅　北魏太和八年（484年）
高36公分　寬15.8公分
美國哈佛大學福格藝術館藏

李思造釋迦多寶佛像

青銅　北魏太和十一年（487年）
高15公分　河南博物院藏

純樸雄渾的釋迦多寶佛像

此像爲青銅鑄造，在四足佛座上二佛並肩結跏趺坐。陰線刻的衣紋繁縟細密，兩臂和胸部衣紋呈階梯狀排列，雙手在腹前施禪定印。有身光和圓形頭光。在蓮瓣形火焰紋光背上端，刻一半身佛像，形象與二坐佛相似，亦有火焰紋光背。這尊通肩衣的佛像雕法樸素，衣紋形式化，仍固守早期佛像的樣式，帶有濃郁的西域格調。然而，豐圓的面貌，肥壯的肢體，溫靜的神態，更多具有北方純樸、雄渾的作風。

「講經論法」的釋迦多寶二佛

釋迦多寶，佛名，即釋迦如來和多寶如來，並坐於多寶塔中，釋迦坐左邊，多寶坐右邊。釋迦牟尼佛在靈山說法華經，忽然地下有安置多寶如來全身舍利的一寶塔出現於空中，塔中發聲讚嘆釋迦牟尼佛，證明法華。據《法華經・見寶塔品》曰：此寶塔中有如來全身，乃過去東方無量千萬億阿僧祇世界寶淨國中的多寶佛，其佛行菩薩道時作大誓願：若我成佛滅度之後，於十方國土有說法華經處，我之塔廟爲聽是經故湧現其前，爲作證明。在佛教造像中或刻二佛並坐，或刻一寶塔中並坐二佛，均爲釋迦多寶在一起講經論法的形象。

高阿興造佛像

中外藝術的完美結合

此像於一九七九年在西藏自治區拉薩
市採集而得。佛通體鎏金，肉髻高
聳，額上正中法紋呈右旋式渦輪狀。
大耳垂肩，面相瘦削清秀，具有秀骨
清像的特徵。額頭寬大，鼻高且直，
兩道彎彎的細眉下，一雙大而橫長的
眼睛炯炯有神。薄唇微合，神態自
然。頭部微微前傾，似在洞察人間的
疾苦，表情和善慈祥。給人一種親近
和諧之美。身著袈裟，袒露右肩，內
著僧祇支。衣紋細密繁縟，將漢代流
傳的陰線刻和犍陀羅雕刻技法中的一
道道凸起的線條並用，反映了外來藝
術已與中國的固有審美情趣完美結
合，純熟而自然。右手屈肘上舉施無
畏印，左手下垂放於膝上緊緊握住一
束衣襟，結跏趺坐於束腰須彌座上。
下部的四足台座正面及右側，陰線刻
四個供養人手持花朵虔誠供養。

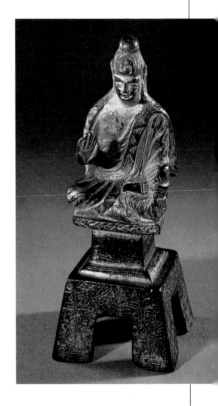

　台座背面及左側刻發願文：正始三
年四月八日，弟子高阿興爲七世父母
所生父母建造眞容，緣此敬因，願前
往生處，所離三途，不遭八難，龍華
樹會以爲首，廣及一切，共同斯願。

鎏金銅　北魏正始三年（506年）
通高19公分
西藏自治區文物管理委員會藏

54

釋迦牟尼佛立像

銅　北魏（386-534年）
高35.9公分
美國菲利亞國立美術館藏

「秀骨清像」的風格

北魏晚期，由於實行了種種改革政策，更提倡和學習南朝具有漢民族傳統特色的文化，不僅在一些方面強化和鞏固了北魏的統治，反映在佛教藝術方面，則自景明年間開始出現了當時在南方十分崇尚的「秀骨清像」。這尊釋迦牟尼佛銅像，可謂是這種「秀骨清像」的代表之作。修長的身軀，高高的肉髻，面形清俊秀美，細眉高挑，眼大而長，鼻高且直，頦尖唇薄，嘴角微翹，露出神秘的微笑。脖頸細長，兩肩削窄，胸部扁平。上身內著僧祇支，胸前束帶打結，外著敷搭雙肩的褒衣博帶式袈裟，右邊的衣襟甩在左腕上。衣紋為直平階梯式。下著長裙，裙裾向外分開形如燕尾。早期的那種挺拔雄偉的氣魄、豐圓粗壯的身軀和飽滿圓潤的面形已不存在，表現出來的卻是一幅清俊秀美的骨清像。反映了北魏的佛教藝術，在民族化和世俗化的進程中，已完全趨於成熟。

釋迦牟尼佛像

佛像上的石刻線畫

佛像頭梳螺髻，面相豐滿圓潤，寬額細眉、鼻樑直挺、眼大而橫長、薄唇微啓、嘴角上翹，目光親切。衣著已擺脫外來形式，改著褒衣博帶式通肩大衣，雙領下垂，內著僧祇支，下身著裙、裙帶作結。一條從右肩垂下的領帶在腹前向上繞左肘下垂。衣褶繁密，有一種毛料的重質感，佛右臂屈肘於胸，左臂端起，施無畏與願印。赤足站立在仰蓮座上，仰蓮爲線刻而成，這種以線表示形象的手法在北朝造像中經常出現，多爲花紋圖案、供養人像、佛傳故事等，形成一種獨特的藝術成就——石刻線畫。值得注意的是：佛頭上的螺髻還完全保留著印度犍陀羅風格，而通肩大衣已是中國漢代的貴族服飾。這尊佛像可謂是外來藝術同中國藝術的完美結合。

手印

即佛像手指的姿勢，也稱爲「印象」。最常見的手印是「禪定印」，雙手上下相疊放於小腹前，手掌向上，表示禪定；「說法印」，將左手放在足上，右手舉起，屈指作環形，表示向眾生宣講佛法；「施無畏印」，右手屈臂前伸，手掌向前，手指向上，表示能解除眾生痛苦；「與願印」，左臂端起，左手食指向下伸屈，手掌向前，表示能滿足眾生一切願望，有大地作證。

鎏金銅　北魏（386-534年）
通高22.5公分　上海博物館藏

56

宋德興造佛坐像

開啓太和年間造像先河

佛螺髻大耳，額面寬闊，面相豐滿圓潤，微啓的薄唇露出慈祥的笑容，和善的目光給人以親切感。雙臂下垂作禪定印，佛座正面刻博山爐、獅子、供養人。佛身披袈裟袒右肩，內著紋線細密的僧祇支。衣紋扁平狀突起，上刻陰線，與敦煌石窟中十六國佛像和中亞地區此期佛像手法相同。它實際上是將犍陀羅佛像中具有寫實性的、立體感很強的衣褶加以圖案化，這種樣式可看作是流行於和平年間（四六〇-四六五年）前後的標準樣式，並開啓了太和年間（四七七-四九九年）佛教造像的先河。這種樣式的佛像多發現於西北一帶。

（背面）

石 北魏太安三年（457年）
通高41.5公分 日本個人收藏
（正面）

太子誕生圖及發願文

造像背面分三層雕刻，上層雕刻佛傳故事「太子誕生」。中層刻「九龍浴太子」。下層爲造像主宋德興的發願文：太安三年九月二十三日歲次丁酉，清信士宋德興，爲命過亡女宗香，造作釋迦文佛像。願先師、七世父母、外內眷屬、□全知識、亡女宗香、一切眾生，生生共其福所，往生□□，值遇諸佛，永離苦因，必獲此願，早成菩提大道。

曇任造觀音立像

熙平年間的觀世音造型

此像爲蒲吾縣□辟寺道人曇任替亡父母所造。菩薩頭戴華冠，冠前正中有一化佛，耳旁寶繪向兩側伸展，然後呈褶帶狀下垂至肩，這是北魏晚期觀世音造像的共同特徵。面相清瘦頎長，頸飾圓領式項鏈，上著短衣下穿長裙，寬大的帔帛繞肩下垂至兩腿間形成U字形紋飾，裙下擺衣褶重複交疊，向外飄逸，覆蓮座下的壺形四足方座，給人以平穩大方之感。

發願文：熙平三年正月廿一日，蒲吾縣□辟寺道人曇任，道密造觀世音，爲父母及一切眾生所供養。

蒲吾縣─金銅佛像製作中心

從出土文物看，有許多佛像均出自蒲吾縣，（即今河北正定一帶）。如北魏熙平元年（五一六年）張蓮□造金銅觀世音立像、曇任造金銅釋迦多寶坐像等，這些佛像造型優美，做工精細，造像相貌清瘦，身軀修長，衣紋繁複飄逸，高聳的火焰紋舟形背光或鏤空、或雕刻，工藝精湛，具有很強的地方特徵和時代特點，可知此地當時應是金銅佛像製作中心。因受其影響，歷代雕刻精美的佛像多出自河北正定、曲陽一帶，至今曲陽的石雕工藝仍享譽國內外。

金銅　北魏熙平三年（518年）
通高27.1公分　日本香川縣個人收藏

車安生造觀音像

鎏金銅　北魏延昌三年（514年）
通高24.6公分　上海博物館藏

北朝觀世音的造像特徵

隨著佛教的發展和中國民間佛教信仰的不同，佛教造像已不僅限於佛的形象。觀世音菩薩被認為是四大菩薩之一，愈來愈容易被人們所接受，因此不乏其單身造像。北朝觀世音菩薩造像的特徵是：火焰紋舟形大背光和四足座以及菩薩足下的覆蓮座，仍然沿用北朝早期佛造像的形式，只有那觀世音頭上高高的華冠、垂肩的寶繒、秀麗慈祥的面孔、頸部圓領式項飾、袒露的上身、繞肘飄揚的帔帛，尚能表明菩薩的身分。造型不像佛像那麼端莊嚴謹，卻更顯得活潑，給人以親切感。這件金光閃閃的華美之作，由於時代久遠，上半部已鏽蝕斑斑，但是仍不失為一件珍貴的古代雕塑藝術珍品。

四大菩薩

四大菩薩即大乘佛教中僅次於佛的第二等果位的四個最著名菩薩，他們是表大智的文殊師利菩薩、表大行的普賢菩薩、表大悲的觀世音菩薩、表大願的地藏王菩薩。四大菩薩分別建立四大道場，即山西五台山的文殊道場、四川峨眉山的普賢道場、浙江普陀山的觀音道場、安徽九華山的地藏道場。

張匡造觀音像

張匡鑄造的觀世音造型

此像是河南湯陰縣民張匡為其父母敬造的觀世音菩薩像，青銅鑄造。菩薩頭戴華冠，兩朵蓮花插於冠前，面相清瘦，身軀修長。寶繒向兩側伸展，然後呈褶帶狀下垂，至肩部繞成圓形球狀，而後向兩臂外飄下。頸部的項鏈懸一鏈墜，帔帛於胸前交叉形成一環形，然後上揚繞肘下飄，長裙下擺飄逸優美。雙手施無畏與願印，赤足站立於覆蓮上。覆蓮下具有中國特色的四足方座上，原有博山爐及兩隻護法獅子，現僅剩兩個長方形榫眼，還有一隻豎耳突目的獅子，這隻護法獅子除了昂頭翹尾巴仍有獅子形象外，其兩支前腿已變成了人的手臂，作出手勢，後腿用 e 形圖案表示獅子蹲姿。這種簡練的擬人化的創作，給這隻原本很威嚴的猛獅增加了幾分頑皮。高聳的舟形大背光以線刻出火焰紋，給菩薩襯托得生動優美。可謂北魏晚期菩薩造像之代表作。

青銅　北魏神龜元年（518年）
通高24.6公分　上海博物館藏

菩薩

在中國佛教造像中，菩薩造像多以佛的左右脅侍或單體的形式來表現。菩薩，梵文音譯是菩提薩埵，義譯有「覺有情」、「道眾生」，舊譯有高士、大士、無雙、大聖等。《翻譯名義集》引智顗的解釋為「用諸佛道，成就眾生，故名菩提薩埵」；引法藏的解釋為「菩提，此謂之覺；薩埵，此曰眾生。以智上求菩提，用悲下救眾生」，就是能求最高覺悟（佛道）、教化眾生，於未來成就佛果的修行者。菩薩，正表現了大乘佛教教義中「自利利他，普渡眾生」的思想。

盧邊之造觀音像

鎏金銅　北魏神龜元年（518年）
通高18.8公分　上海博物館藏

北魏晚期的藝術珍品

菩薩束髻戴冠，冠前方有小化佛。頭上的圓形頭光以蓮花瓣裝飾，冠後的寶繒向外伸展，摺角下垂，兩個圓形飾物掛在寶繒上，在菩薩兩肩形成對稱性裝飾。菩薩寬額細眉，面相豐滿，高鼻直挺，洞察萬物的慧神和微露笑容的薄唇，顯示著菩薩的智慧和慈祥。裝束飄逸優美，內著圓領內衣，外穿交領式大衣，腰束帶在胸部打結，下穿長裙，裙下擺覆蓋腳面。披肩式的帛帶繞肩下垂，在兩腿間交叉，然後捲至肘部，向外飄下，端莊地站立在蓮花座上。座下的四足壺門方座和舟形火焰紋大背光，還保存著早期佛教造像的特點。這尊菩薩造像，人體解剖比例準確，造形優美，工藝精細，歷經一千五百年仍然金光閃閃，是一件難得的藝術珍品。

金銅佛

金銅佛造像是用銅或青銅鑄造，表面鎏金，尺寸小、方便移動。佛像的背光、佛座和像身，大多是分別鑄造再組合一體的。金銅佛像最早起源於印度，在中國佛教初傳期稱金人或金泥銅像。後來伴隨著佛寺的興盛而發達，多供養在佛寺或宮中。南北朝至唐代是中國金銅佛造像的鼎盛期。據史料記載：東漢末年，下邳相笮融大造可容三千人的佛寺，於中「以銅爲人，黃金塗身，衣以錦彩」，一般認爲即是中國最早的金銅佛像，也是中國立寺造像首次見於記載。現存早期的金銅佛像多爲西元三、四世紀以後遺品，如後趙石虎建武四年（三三八年）造像，是有明確紀年的最早佛像。現存的金銅佛像，主要爲傳世品和出土物兩大類。

田延和造阿彌陀佛立像

顯示超人魅力和智慧

這是一件北朝時期中原地區較爲流行的「西方三聖」石造像，正面主尊阿彌陀佛赤足站立，頭飾高肉髻，面部豐腴而略長，修眉細目，兩耳下垂，面帶微笑，端莊慈祥。雙手前伸施無畏與願印，這種表示能解除眾生苦難和滿足眾生願望的佛教造像人體語言，還有那微笑略啓的薄唇和善意的眼神，給人以親切、和藹、誠信之感，好似在與眾生面對面地交談。那厚重的通肩大衣和具有民族特色的衣褶繁縟的長裙，還有那和善可親的音容相貌，讓佛走進人間，貼近生活，無一點救世救難、救眾生於萬劫的神秘與深奧，只有那佛頭後面的圓形頭光，卻能顯示著佛超人的魅力和智慧，不得不讓人崇信景仰。這是作者心靈的渴望，也是對佛的完美詮釋。

該造像雖無年款，但從雕刻藝術風格特點看，佛的髮髻爲淺波浪紋，直挺的高鼻和薄嘴唇以及衣紋的制法仍保留有犍陀羅風格的痕跡，但已與中國固有的審美趣味完美結合，衣著已擺脫外來形式，而改著褒衣博帶式大衣，衣紋繁複飄逸，雕鑿精細。這正是北魏孝文帝太和十八年（四九四年）遷都洛陽後至北魏永熙三年（五三四年）的華美之作。此像出土時完好無缺，刀鋒棱角分明，猶如新刻，只是主佛鼻尖有小塊硬傷，給這件眾生景仰的佛像留下了千古遺憾。但仍不失爲中國古代雕刻藝術中的一件珍品。

石　北魏（386-534年）
通高96公分
河南淇縣城關出土　河南博物院藏
（正面）

62

在佛教造像題材中，西方三聖造像在北朝已較常見。中國現存最早的西方三聖造像是甘肅永靖縣炳靈寺石窟第一六九窟、西秦時塑造的一坐佛二立菩薩，旁有墨書榜題「無量壽佛」、「觀世音菩薩」以及「大勢至菩薩」。

（背面）

（局部）

西方三聖與淨土信仰

隨著佛教的發展，修行方法的不同，其信仰也不盡相同。阿彌陀佛（也稱無量壽佛）是西方極樂世界的教主，與其左右之觀世音菩薩和大勢至菩薩合稱為「西方三聖」。淨土信仰在東漢時期就已傳到了中國，從東晉開始在社會上流行，唐代正式創立了淨土宗。淨土信仰的廣泛流行，在於它簡易的修行方法，認為要轉生西方極樂世界，只要對佛及其極樂世界有堅定的信仰，有往生西方淨土的強烈願望就可以了，後來發展到只要一心專唸阿彌陀佛佛號就能往生淨土。

康勝造釋迦牟尼佛碑像

清俊瀟灑的南朝佛像

該像於一九五四年四川成都萬佛寺出土，為石灰岩雕成。主尊釋迦牟尼佛赤足站立在覆蓮座上，手施無畏與願印。束髮式肉髻，頂部稍殘，有蓮花瓣頭光。面相豐潤適中，鼻高眼大，嘴角內收，露出宜人的笑容。大耳貼面，顯出秀美的面部輪廓，清俊雅致。著褒衣博帶式通肩大衣，衣紋瀟灑流暢，質地輕薄，儼然南朝風流名士。瘦削的雙肩和長長的頸部，更顯其身材苗條修長，給人以清俊飄逸和秀麗瀟灑之感。兩側的觀世音和大勢至菩薩手握淨瓶和善鎖站立在仰蓮座上，頭戴花冠，寶繒垂肩，帔帛自肩部搭下後於腹前交叉，穿肘飄揚，輕盈美妙，充分顯示了南朝佛教造像的漢化程

石灰岩　南朝梁普通四年（523年）
殘高35.8公分　寬30.3公分
四川省博物館藏
（正面）

（背面）

度。這件造像可代表著南朝造像的藝術風格。另外，還刻有二弟子、二供養菩薩、二力士和二比丘以及兩隻蹲伏的護法獅子。以中心對稱式排列，布滿整個空間。構圖繁密而不紊。在佛座前方浮雕六個技樂人，或頸挎腰鼓，或執鈸、或抱琴、或吹排簫，隨曲而舞，姿態各異，充分反映了南朝歌舞昇平的社會生活。

道哈造彌勒像石龕

畢現佛事活動的四面造像

河南滎陽大海寺出土的北魏孝昌元年
彌勒造像，青石雕造，造像正面尖拱
形龕內，交腳彌勒坐於長方形座上，
腳踩蓮台，頭戴寶冠，頸佩項圈，帔
帛從雙肩搭下交於兩腿間，然後上揚
繞臂下飄，衣褶垂於座下，左手下
垂，右手上舉作說法印。迦葉、阿難
二弟子列其左右，觀世音菩薩和大勢
至菩薩恭立其旁。二個凸鼻暴目，神
態凶悍的力士守衛在外側，彌勒佛身
後的火焰紋背光上刻蓮花頭光和七個
姿態輕盈的供養天人環繞。背光左邊
刻維摩詰居士，右邊刻文殊師利菩

薩，旁有聽法比丘數
人，構成《維摩經變》
圖。在由蟠龍交尾構
成的龕楣上，七佛端
坐其上，兩邊各有一
蓮花化生。龕楣上方
刻比丘、供養人各八
人，合十聽法。造像
上邊沿以帷帳紋裝
飾，流蘇懸掛兩側，
形成佛事活動場面。

（右側面）

釋迦誕生情景圖

造像背面雙龍盤首，下刻五個小龕，
內容或刻釋迦牟尼佛，或思維菩薩，
或釋迦多寶對坐辯法，或九龍浴太
子，龕下為造像題記和供養人像五
排。兩側面亦刻滿造像，除下半部五
排供養人與背面所列相同外，還刻有

青石　北魏孝昌元年（525年）
高135公分　寬98公分　厚44公分
河南博物院藏
（正面）

一排捧蓮天人和小佛龕。特別是右側面刻出的太子降生圖，生動地反映了摩耶夫人在藍毗尼花園遊玩、太子從其腋下誕生的情景，十分細緻精美。

接近漢化的佛教造像

這尊雕刻於北魏晚期的交腳彌勒，是北魏雕造最多的題材之一。雖然面孔偏於清瘦，但不像前期那種標準的秀骨清像，臉龐豐潤適中，眉彎而細長，高鼻直挺，嘴角上翹，清秀挺俊，神情莊重慈祥，給人以親切感。刀法上雖然還大量地運用平直刀法，但已出現了具有彈性的曲線和近於漫圓刀法雕刻的光潔面。衣紋雖不像前期階梯式的疊褶，但仍延用著早期衣紋的表現方法。造像兩側的釋迦牟尼佛降生和菩提樹下誦經圖，兩小龕為浮雕，樹和人物則為平面浮起，細部用陰線勾勒，這種表現形式，是中國傳統漢畫像石的藝術表現手法。兩側面和背面大量的供養人和飛天舞樂，均採用減地線刻的手法。這種由浮雕向線刻過渡的形式，實際上是中國繪畫的基本特點。由此可見，北魏晚期的佛教造像，無論從人物造型還是表現手法上都已基本漢化，是佛教造像全面漢化的重要過程。

（背面）

（左側面）

駱道明造釋迦牟尼佛像

一佛二菩薩的站立造型

駱道明造石雕釋迦牟尼佛像，石灰岩雕成。造像爲一佛二菩薩立像。主尊釋迦牟尼佛手施無畏與願印，跣足站立在覆蓮座上，頭飾束髮式高肉髻，面相豐潤秀雅，清秀的高鼻直通前庭，兩眼平視前方，眼神慈祥和善，脈脈含情。雙唇輕輕閉合，露出可親的笑容。雙領下垂式通肩大衣，內著僧祇支，下垂的衣紋自然折疊展開，繁縟重疊，具有一定的韻律感。有圓形頭光，頭光內高浮雕的蓮花瓣飽滿和諧。二菩薩跣足站立蓮花座上，頭戴寶冠，面相方圓，下顎及嘴部的造形，已無「秀骨清像」的痕跡。右側菩薩一手持善鎖，一手握蓮蕾，上身袒露，帔帛繞肩垂於兩腿間交叉，然後上揚繞肘自然下飄，腹部微挺，形體變化細緻微妙。左側菩薩褒衣博帶，拱手恭敬而立，寬大的衣袖將雙手隱藏。二菩薩均有圓形和桃形頭光，造像肌肉表現得細膩柔美，面部表情處理得豐富自然，簡直是溫和善良的漢族中年女性典型形象。

在蓮瓣形舉身大光背上部，以剔地施陰線刻兩個飄舞的供養天人，天衣飛揚，姿態輕盈。光背的頂端刻一思維菩薩，側身端坐，在思索著人生的真諦。

石灰岩　北魏孝昌二年（526年）
高44公分　寬25公分　厚12.5公分
河南博物院藏
（正面）

一幅精美的線刻佛像

在光背的背面下部線刻男女供養人像。畫面中間刻一佛結跏趺坐於須彌座上，上有蓮花飾的寶蓋。左右供養人或戴冠或梳雙髻，均著褒衣博帶，似為男女主人及其侍從。上部刻造像記，頂端刻釋迦多寶坐在寶塔內論說佛法。特別是塔簷上懸掛的兩個風鐸向兩邊飄蕩，似乎能聽到那被風吹動而發出叮噹作響的聲音。整個畫面布局合理，疏密有致，運用南朝人物素描技巧，將人物的形象、身分、服飾刻畫得非常生動，並間飾以蓮花和寶相花圖案進行補白。在雕刻上採用漢代畫像石的雕刻技法，減地刻出物像輪廓、再施以陰線刻出細部紋飾，使物像具有剪影式效果。以刀代筆，勾線細膩流暢，一絲不苟，可謂是一幅精美的石刻線畫。

發願文：大魏孝昌二年歲在丙午六月戊辰朔十六日癸未，清信士佛弟子駱道明敬造石像一區，上為七世父母、生緣眷屬，普同福慶，願如是。

（背面）

釋迦牟尼佛石碑雕像

具有中國西北部造像風格

此碑爲砂岩雕成。碑中間拱形龕內雕釋迦牟尼佛。尖拱形的龕楣飾卷草紋，龕楣下沿的兩條蒼龍回頭相望，形成拱形，釋迦結跏趺坐龕內，左臂下垂放於腿上，手中握帶狀物，右臂前伸屈肘，作說法印。內著僧祇支，通肩大衣總覆兩臂，在胸前形成懸賞式。二脅侍菩薩頭戴華冠，細眉大眼，面相修長，帔帛繞肩，臂戴釧環，一手持花蕾，一手握帛帶。一條三層百折長裙和裙上陰線刻的豎直線衣紋，將菩薩襯托得修長高大。這種衣紋顯然爲中國西北部佛教造像之風格，恐此碑亦出自西北地區。在佛與菩薩之間有兩個婆藪仙人，雖身體矮小，骨瘦如柴，卻仍不失恭敬和虔誠。龕眉上方爲藍毗尼園的釋迦誕生故事，帝釋、梵天爲之洗浴，天人彈琴爲之歌舞。龕之下方刻供養人行列，雕刻樸拙。全碑構圖謹嚴，內容充實。這種源自石窟寺中心方柱雕刻形式的造像碑，以其有限的空間，雕刻出豐富的內容，是金銅佛像所不能及的，既經濟又更能表現佛教內容。

砂岩石　北魏正光年間（520-525年）
高70.5公分　寬63.5公分
美國納爾遜藝術陳列館藏

婆藪仙人

婆藪又曰婆叟，仙人名，於婆羅門中殺生祀天，墮於地獄。經無量劫，由華聚菩薩之大光明力脫離地獄（見《智度論三》）。形象爲體瘦如柴的小矮人，合十恭立於菩薩旁，多出現於釋迦說法的場面。

釋迦牟尼佛石像龕

（背面）

作「法說印」的釋迦牟尼佛

此為石塔之構件，用沙岩石雕鑿而成，立體呈方柱形，四面環刻。其正面雕一方形龕，釋迦牟尼佛結跏趺坐於方形座上，作說法印。裙帶在胸部打結後下垂，裙下擺衣褶繁縟重疊，在座前形成懸賞式，顯示著一種厚重感，這種懸賞式衣紋是北魏孝文帝至孝明帝時期（四九四-五二八年）佛像衣紋的流行手法。二菩薩頭戴華冠，身著菩薩裝，亭亭玉立於佛之兩側。龕之上部，一飛天袒身著裙，展臂飛舞。這種造像風格同北魏太和十八年（四九四年）孝文帝遷洛後至孝明帝武泰元年（五二八年）石窟飛天的風格相同。因此可斷定該造像應為太和十八年至武泰元年（四九四-五二八年）所刻。

砂岩石　北魏（386-534年）
通高39公分　上海博物館藏
（正面）

作「佛法辯論」的釋迦、多寶佛

在背面的帳形龕內，釋迦和多寶佛相對而坐，辯論佛法。上揚的手勢和微啓的薄唇，顯示著釋迦多寶佛的聰明智慧和能言善辯的口才。就連龕外的兩隻護法獅子也在那裡翹尾昂首，洗耳恭聽。這種四面環刻佛龕的立柱形造像，完全吸收了石窟中心方柱的形式，對後世的佛教造像形式和方法有很大影響。

釋迦、彌勒造像碑

「論法演說」的釋迦牟尼佛像

此造像碑爲沙岩石雕成，主尊爲釋迦牟尼佛和彌勒菩薩。分上、中、下三層雕刻。上層中間鑿一圓拱形龕，釋迦結跏趺坐於龕內說法，淺波浪形髮紋束成右旋式高髻，方額大耳，細眉大眼，面相豐潤，露出和藹的笑容。身穿敞領式寬袖通肩大衣，衣褶覆蓋兩腿呈懸賞式，作無畏與願印。圓拱龕楣爲兩龍盤繞而成，二弟子在佛龕內壁的上端，形體很小，可能由於龕內空間的局限，這種形式在北朝佛教造像中多有出現。二脅侍菩薩在龕外恭立左右，兩個婆藪仙人位列菩薩身旁恭聽釋迦牟尼佛論法。龕外上方的二個思維菩薩在側頭沈思，另有比丘數人在傾聽釋迦牟尼佛的演說。

彌勒與眾菩薩的歡樂場面

中層雕一帳形龕，龕內彌勒交腳而坐，束髮式花冠，兩耳垂肩，細眉大眼，面相豐潤，身著菩薩裝，帔帛繞肩在胸部交叉穿環後向外飄逸，然後上揚繞臂下垂，施說法印。座下的夜叉雙手上舉承托著彌勒交叉的雙腳。二菩薩恭立左右，兩個身著圓領通肩大衣的貌似婆藪的仙人隨其身後而立。座前另有四人，或俯身叩首或踞跪打揖，表現出對彌勒菩薩的崇拜與敬仰。另在佛帳上端的界格內分別雕著伎樂神王，或倒立，或擊鼓，或吹奏，有兩個人面獸首的神王也在那裡手舞足蹈，一片歡樂景象。這種帷帳

砂岩石　北魏普泰二年（532年）
高90公分　寬46公分　厚14公分
陝西省博物館藏

加界格的佛龕造型自北魏晚期開始就一直沿用下來，成為一種固定的佛龕造型。

供養人前往禮佛場景

下層為供養人像，中間二人穿圓領通肩大衣，長裙曳地，手持蓮花。左側為一廂式牛車，車棚裝飾為龍形，一人趕牛緩緩行進，車廂內乘坐二人，露出豐滿圓潤的頭部，手執團扇，悠閒自得。右側一人騎著高頭大馬，一僕人手執華蓋隨行。應是供養人前往禮佛的情景，顯示了供養人的身分。

最早的高浮雕造像碑

據文獻記載，前趙光初五年（三二二年）佛圖澄造釋迦牟尼佛像碑，是現知年代最早的造像碑。現存實物多分布在河南、陝西、山西、山東、甘肅、河北等省，多為北朝和隋唐所造，形式有扁體碑形和四面體柱狀兩種。題材內容和藝術風格與同期的石窟造像相同，多是高浮雕，因其雕鑿精細，選材較好，形體不大，往往多為博物館收藏品。

（局部）

造像碑

是一種以雕刻佛像為主的石刻形式，形體似碑，刻有佛龕造像，多為佛教造像，少數與道教有關。因為是造像供養性質，往往銘刻造像緣由、題材和造像者姓名、籍貫、官職等，也有用線刻出供養人像。

73

脅侍菩薩殘像

溫雅敦厚的菩薩造像

該像是一九八七年在山東青州龍興寺佛像窖藏中出土的一脅侍菩薩的殘像。雖然自胸部以下殘缺，但從完美的面部以及裝飾風格，仍能看出其明顯的北魏晚期的造像特徵。面相方圓略長，雅俊秀美，表情寧靜自然。額上髮絲抒成圓形緊貼額頭，絲絲分明。雙眼微睜，眉細且長，彎成弧形，鼻翼較寬，形如懸膽。雙唇輕合，嘴角內收，含睇微笑，溫雅敦厚，寶繒順肩垂下，在肩部形成兩個圓形飾物，頸戴圓領項飾，肩披帔帛，兩條粗碩的穗式瓔珞從兩肩垂下。整座雕像雕刻細膩，特別是面部及手臂肌膚，似乎豐滿柔軟富於彈性。能將堅硬的石灰岩雕刻得有血有肉，充分顯示了雕刻家的高超的技藝術。

石灰岩　北魏（386-534年）　殘高36公分
　　山東省青州市博物館藏

趙安香造阿彌陀佛像

融於本土文化的阿彌陀佛像

此像於一九八一年在鄭州市西十公里的紅石坡一處廢寺院基址內發現，原存於鄭州市博物館，一九九六年調至河南博物院。主尊阿彌陀佛像為石灰岩雕造，肉髻大耳，面相清瘦，兩肩削窄，容貌慈祥。佛兩側的觀世音菩薩和大勢至菩薩跣足立於仰蓮座上，頭戴花冠，寶繪展伸，呈S形飄向兩肩。肩披中國婦女流行的帔帛，帔帛由兩肩下垂交叉於兩腿間，然後上捲至肘部，再向外飄。舟形火焰紋背光上的五尊坐佛環刻於圓形頭光周圍，兩條交尾的螭龍順著背光尖端向兩側而下，將中國傳統龍的形象融入佛教造像，並使之完美的結合，說明外來藝術已逐漸被本土文化所容納。

出家的太子與白馬惜別場景

北朝造像碑的碑陰多用線刻佛傳故事畫，有的將許多故事刻在一起，有的則刻一個內容構成一幅完整的畫面。常用剔地加陰線的雕刻形式，賦予畫面生動的形象，趙安香造像碑陰即採用這種形式來表現釋迦由太子出家時「與白馬惜別」的故事。畫面刻一棵枝葉繁茂的菩提樹，一隻迦陵頻迦鳥立於樹梢，樹下太子頭戴花冠，袒身著裙，赤足背樹打坐，側首沈思。一匹鞍具齊全的白馬，前肢跪地伸舌舐吻太子之足。菩薩侍立其旁，天人在空中飄舞，生動地描繪了出家太子與白馬吻別的場面。

（正面）

（背面）

石灰岩　北魏（386-534年）
高95公分　河南博物院藏

趙照僉造釋迦坐像

砂岩石　北魏永熙三年（534年）
高54公分　山西省博物館藏

開創東魏、隋唐雕刻新風

這尊釋迦牟尼佛造像爲沙岩石雕成，
一九五四年山西平遙岳壁顯慶寺出
土。佛束髮式高肉髻已不顯髮紋，寬
闊的額頭，細眉大眼，面相豐滿圓
潤，兩耳垂肩，微啓的薄唇現出兩個
深深的嘴窩，美麗而秀雅，那種犍陀
羅風格的高鼻深目的雅利安人或中國
早期造像中蒙古人種的形象，在這尊
造像上已蕩然無存。恰似中國古代貴
族婦女形象。身穿雙領下垂式寬袖大
衣，內著僧祇支，束裙的腰帶在胸前
打結，重疊的裙褶覆蓋著長方形束腰
須彌座前面，結跏趺坐，手施無畏與
願印，舟形大背光外圍用陰線刻出簡
單的火焰紋，頭光已是兩個簡單的圓
圈，已不再有北魏中早期那種繁華的
圖案和精美的裝飾。這種只注重表現
本尊形象和內在思想而不注重裝飾和
氣氛烘托的造像形式，是北魏末年和
東魏時期的通行做法。在表現技法
上，線條較之前期造像更爲稀疏，用
漫圓式刀法，刻出直平極淺階梯式的
衣紋，裙下擺的衣褶稀疏，開創了東
魏與隋唐雕刻藝術的新風。

77

菩薩石像

兼有兩性美的脅侍菩薩石像

這尊石灰石雕刻而成的菩薩立像，原是河南鞏縣（今鞏義市）石窟某一洞窟內佛像的脅侍菩薩像，被古董商盜鑿流失國外，現藏美國華盛頓亞洲藝術博物館。

菩薩頭戴蓮瓣形花冠，寶繒順肩而下。面相豐潤秀麗，細眉大眼下視。兩隻緊貼玉面的大耳不像佛陀那樣垂至肩頭。豎直高挺的鼻樑，倒給本已豐潤的面部增加了幾分姿色，微啓的薄唇露出微笑，圓潤的面龐已完全是中國古代美女形象。只有那赤裸的大腳和直上直下不具線條美的身軀，還保留著早期菩薩造像男性的特徵。頸佩項飾，肩上的帔帛由兩肩下垂交叉於兩腿間，然後上捲繞肘向外飄下，上捲處顯露褶角。裙部衣褶稀疏簡練。這種菩薩裝飾，流行於北魏太和十八年（四九四年）孝文帝遷都洛陽後，至北齊、北周初年。

由於鞏縣石窟始鑿於孝文帝遷都洛陽以後的景明年間（五〇〇-五〇三年），這件菩薩雕像的年代應在北魏景明元年（五〇〇年）至北魏末年即永熙三年（五三四年）之間。

石灰岩　北魏（386-534年）
高103.4公分　寬41.7公分
原存河南，流失國外

菩薩行

在佛經裡和佛教徒修行過程中，經常提到「菩薩行」，它是指凡夫修行到達佛果，要經過長期的、多方面的修習過程，即菩薩在慈悲仁愛精神引導下，應以覺悟一切眾生作為培植和積累個人成佛智德的楷桿。修習菩薩行一般有六種途徑，即布施、持戒、忍辱、精進、禪定、智慧。還要經過幾個階段，即十住、十行、十向、十地、等覺、妙覺等共四十二階次。等覺就是等同於佛的菩薩，妙覺就是佛位。在中國的石窟和寺院中，主要的菩薩都是等覺菩薩，他們在佛的身旁輔助佛弘揚佛法。常見的有釋迦牟尼佛身旁的文殊、普賢菩薩，以及阿彌陀佛身邊的觀世音、大勢至菩薩等。

德何造像

雕刻精細、風格清新

德何造像，一九八一年在河南鄭州市磨盤街居民黃金輝家地下室內發現，據說為抗日戰爭時期日本人從外地盜來，未能運走。造像用紅砂岩雕成，上部已殘，下部長方形座之正面浮雕波浪紋，浪中簇擁出並蒂蓮五枝。蓮上各立有造像一尊，主尊釋迦牟尼佛，高肉髻，珠形寶繪束髮，頭後圓形頭光內飾蓮瓣和火焰紋。上身內著僧祇支，束帶於胸前作結，外穿通肩大衣。右手持花朵上舉，左手下垂提帶。兩側為阿難、迦葉恭立左右。釋迦牟尼佛與弟子之間雕二菩薩恭身侍立。雕刻精細，造型風格新穎，是一件較為少見的北朝造像。

釋迦牟尼苦行像與發願文

在造像背面，用粗線條刻一佛，惜上部已殘，似為釋迦苦行像。由於背面凹凸不平，刻線較為粗拙。

下部座上刻發願文：大魏正光二年三月丁亥朔二十四日庚戌，信士□德何敬造釋迦牟尼佛像一區，以為闔家平安，真誠供養。

紅砂岩　北魏正光二年（521年）
殘高70公分　寬47公分
河南博物院藏

三尊菩薩立像

具有較高水平的北魏石刻作品

這件石雕三尊菩薩立像一九七一年在河南孟津縣東南二十五公里翟泉村出土，爲青灰色石灰岩雕成。在長方形座上雕刻三尊菩薩立像，正中一尊頭戴蓮花冠，身穿寬袖上衣，外披袈裟，飾項鏈、瓔珞垂於胸前，手施無畏與願印，立在圓形覆蓮座上。身後有蓮花紋的頭光和火焰紋舟形背光。左右兩尊脅侍菩薩，裝束與中間菩薩基本相同，只是身軀低矮，胸前未掛瓔珞。一手拿善鎖，一手持蓮花，有桃形頭光。造像座正面中間刻荷葉花芯形博山爐，兩隻護法獅子蹲坐兩側。整體雕刻精細，人物刻畫生動，具有明顯的北魏時期造像風格，是一件水平較高的北魏石刻藝術品。

石灰岩　北魏（386-534年）
通高81公分　寬42公分
河南洛陽市博物館藏

薛安顒造交腳彌勒像

雙手屈伸胸前作說法印

該像為東魏時滎陽太守薛安顒為亡女
造。青石雕成,彌勒佛頭戴花冠,面
容恬靜,圓形的頭光飾以卷草紋,頸
飾項鏈,上身只穿一件繡花僧祇支,
臂戴釧環,帔帛順肩而下繞肘外飄,
雙手屈伸於胸前作說法印。下身著
裙,緊貼兩腿,交足而坐。三個夜叉
正吃力地托舉著佛座,兩隻護法獅子
蹲坐兩邊,二弟子二菩薩肅立彌勒佛
兩側。

彌勒在兜率天宮為諸天說法

在蓮瓣形背光的上部,釋迦牟尼佛、
多寶佛並坐講法,八個供養天人在天
空中飛舞,輕盈飄逸,婀娜多姿,反
映了彌勒上生在兜率天宮為諸天眾生
說法的場面。佛教經典說,彌勒為眾
人說法,解除人們一切煩惱和痛苦。
這種彌勒上生信仰題材,多流行於北
魏中期以前,從北魏中期開始,逐漸
流行對彌勒下生(即彌勒降到人間成
佛)的信仰。東魏又出現彌勒上生信
仰的題材,說明該佛教造像仍受北
朝前期造像題材的影響。

曲陽石雕佛像的特點

佛像肩部飽滿圓潤,四肢和軀幹明
顯,而穿著物仍淺薄,緊裹軀體,服
飾衣紋亦不注重過分的立體刻畫,沒
有大起伏的立體感式的衣褶。這是曲
陽石雕的傳統手法之一。

發願文:元象元年四月八日,佛弟

青石　東魏元象元年(538年)
高66.5公分　日本京都藤井有鄰館藏

子安東將軍、銀青光祿大夫、前滎陽太守薛安顥，爲亡女魏氏造玉像一區，願亡者三途，莫徑八難，勿歷生生之處，値聞佛法一切眾生，咸同斯福。

（局部）

夜叉

在佛教造像藝術中，經常看到佛座或塔座下面起承托作用的形似鬼神的形象，這些猙獰的面孔，就是佛的護衛神「天龍八部」之一的「夜叉」。夜叉，義譯就是惡鬼。據說這種鬼面目猙獰，能騰飛，能土遁，經常傷人。但被法力無邊的佛法所制服，在造像中常刻於佛座的下面起承托作用，特別是交腳彌勒菩薩座下多出現這一形象。夜叉又有地夜叉和飛行夜叉之分，如雲岡洞窟中常見的塔最下層怒髮上衝、形似鬼怪的扛托人像，就是地夜叉，雲岡第七、八窟前室窟頂，刻出飛行狀手托蓮花或博山爐的天人，就是飛行夜叉。

駱子寬造阿彌陀佛像

雙線勾勒的石雕阿彌陀佛像

這尊精美的造像是用石灰岩雕成，佛
的蓮花瓣形大背光已殘。佛頭梳淺波
浪紋髮髻，髻正前面有一右旋渦紋。
面部豐潤，兩眼微睜俯視前方，神態
安祥。修長的身軀穿一件雙領下垂式
寬袖通肩大衣，內著僧祇支，裙帶束
至胸部打結，右邊下垂的衣襟在腹前
折向左肘，然後向外飄下，手施無畏
與願印。赤足站立在仰蓮座上，裙下
擺衣褶垂疊，層次豐富變化多樣。整
體給人以舒暢自然之感。阿難、迦葉
兩弟子和觀世音、大勢至二菩薩站立
佛之左右，下部二龍王前爪各持一束

蓮花，恰是二菩
薩的立座。菩薩
頭戴花冠，寶繒
下垂，面相端
靜，眉清目秀。
披肩式的帔帛在
腹前穿環，一人
手持淨瓶，一人
手持善鎖，亭亭
玉立。整尊造像
刀法圓潤，手法
細膩，表面處理光潔俐落，將圓雕和
陰線刻結合起來，雙線勾勒的衣紋平
坦、自然，衣褶厚重，質感很強，不
僅有裝飾效果，同時也表現了佛和菩
薩恬靜安詳的神態。

石灰岩　東魏武定元年（534年）
殘高77公分　寬62公分
伊薩貝拉·斯切瓦特·嘎特那美術館藏
（正面）

釋迦多寶說法圖

造像背面淺浮雕加陰線刻「釋迦多寶

說法」圖。在長方形佛床上，釋迦多寶佛打坐，相對而論。兩個頭戴花冠的菩薩侍立左右，前面六個比丘跽跪聆聽兩位佛的精彩辯論，兩隻凶猛的護法獅子在守護著佛法不受侵害。一座碩大的蓮花裝飾的博山爐上冒著裊裊香煙，給這個原已謹嚴的會場又增添了幾分神秘色彩。整幅畫面採用中國漢代畫像石的雕刻技法，將人物形象塑造得唯妙唯肖，十分動人，是一幅精美的佛教宣傳畫。

形態畢似的神王雕像

在中國的石窟寺佛座或造像碑座上，常刻有神王像，如龍門石窟賓陽洞、鞏縣石窟、峰峰響堂山石窟等窟內，均刻有神王形象。駱子寬造石佛像碑座的背面及兩側面刻的十尊神王像，均有榜題神王名。分別爲龍首人身的龍神王、手持風袋的風神王、手中托盤的珠神王、鳥首人身的鳥神王、人身鳥嘴的鳥神王、獅頭人身的獅神王、手持火炬的火神王、背靠樹枝的樹神王、手握山形物的山神王，還有人身豬頭的豬神王等。這種以形象或手中所持法器而標明神王名字的造像碑，世屬罕見。

（背面）

阿彌陀佛造像

用淺浮雕加陰線雕成的造像

這尊阿彌陀佛造像用石灰岩雕成。佛
立於蓮花座上，頭梳高肉髻，額頭寬
大，兩眼微睜，面相胖而略長，身披
雙領下垂敞領式大衣，內著寬如綬帶
的僧祇支，大衣下垂的右側衣衿甩向
左手向外飄下，衣紋較淺，裙下擺褶
紋簡練。身軀短胖，施無畏與願印。
兩邊的觀世音和大勢至菩薩均頭戴花
冠，帔帛繞肩在腹前穿環下垂，然後
繞肘外飄，觀世音手執淨瓶，大勢至
手持善鎖，靜立於佛之兩脅，儀態安
然。在舟形大背光上，佛的圓形大頭
光以蓮花與卷草裝飾，美觀華麗的頭
光外圍雕七尊小坐佛。以淺浮雕加陰
線刻的形式，將七佛形象與圓形頭光
組合在一起，使之圖案化，為這尊造
像增添了幾分優美。

石灰岩　東魏（534-550年）
高202公分　上海博物館藏

七 佛

在中國石窟和造像碑中，經常可見
刻於佛龕龕楣上或造像背光上的七
佛形象。大乘佛教認為佛是超人的
存在，在無限的空間和時間內，每
一世界、每一階段都有佛教化眾
生，所以十方三世有無數的佛。小
乘佛教認為釋迦牟尼佛是一個覺悟
者，所以在空間上只談此世界現階
段的釋迦牟尼佛，在時間上只談釋
迦牟尼佛和祂之前的六佛，就是所
謂「七佛」，分別是毗婆尸佛、尸
棄佛、毗舍婆佛、拘樓孫佛、拘那
含牟尼佛、迦葉佛和釋迦牟尼佛。

曇珠造佛像

石　東魏天平二年（535年）
高105公分　寬84公分　河南博物院藏

東魏天平三年造像，
現存於瑞士特保格博物館

具有北朝山水人物畫風

此像於一九六三年在鄭州發現，四方形的造像左上角已殘缺。帷帳形的龕內，釋迦牟尼佛結跏趺坐於須彌座上，凸起的肉髻已殘去一半，面部豐圓，雙領下垂式的寬袖大衣緊裹著修長的軀體。二弟子二菩薩恭立佛之兩側，二天王站在旁邊瞠目圓睜，形象勇猛。佛坐兩邊的獅子，長舌外吐，凶相畢露。兩側面爲減地淺浮雕，左側下爲山嶽樹石，中、上二層爲富有變化的蓮花枝葉，中層蓮花上並排坐著兩個仙人，這類題材與東漢墓石的某些裝飾雕刻有明顯的繼承關係。右側所刻內容更爲複雜，下部刻有深山密林中的獼猴、狐狸等踞坐山巔，形象生動。上部一思維菩薩坐於樹下，座旁恭立供養信士。這種雕刻具有北朝山水人物畫的風格。

立體感很強的曇珠造像

此像與現存瑞士瑞特保格博物館的東魏天平三年造像形制相同，且構圖和形象完全一致，高度亦相同。估計當年爲同一組雕刻而後分散的。然而在雕刻技法上，天平三年造像更爲嫻熟，具有很強的立體感，人物面部豐滿圓潤，肌肉富於彈性，衣服紋飾灑脫自然。所以有人也認爲天平三年造像是原作，天平二年造像係後人仿刻。這種說法不無道理。

道俗九十人造像碑

九十人造像的構圖及其特點

道俗九十人造像爲青石雕刻。碑座上放置著雕刻精美的碑形造像，碑首螭龍盤繞，呈半圓形，碑正面中間雕一圓形大龕，尖拱形龕楣，龕兩側有立柱，龕內釋迦牟尼佛結跏趺坐束腰蓮座上。高肉髻，寬額大耳，面相豐滿圓潤，兩眼微睜，嘴小脣薄，嘴角上翹，露出慈祥的笑容。造型手法細膩，表面處理也光潔俐落，呈現出慈善、溫柔、可親的神態。內著僧祇支，對襟在胸前打結垂帶，外穿雙領下垂式通肩大衣，下身著裙，裙下擺衣褶覆蓋著蓮座的上截，厚重、舒展而柔和，與北魏時期繁縟的衣褶相比，顯得簡單明瞭。雙手施無畏與願印，雖一手稍殘，但仍能看到寫實敦厚之美。二弟子、二菩薩恭立於龕外，佛座前一夜叉托舉著博山爐，旁以山花蕉葉、荷葉裝飾。兩隻身子碩長的護法獅子蹲坐兩側，張嘴吐舌，形象凶猛。二天王站立兩側，身披帛帶，下身著裙，儼然一幅菩薩裝束，只有那誇張的大手和怒目圓睜的面孔，顯出天王的勇猛形象。在龕楣上方的碑額處雕維摩詰經變圖，反映了文殊菩薩和維摩詰居士在辯論佛法，眾多弟子恭聽的場面，形象生動，雕刻細膩。本碑以圓雕加陰線的雕刻技法，將佛的慈祥、菩薩的善良、弟子的謙恭、天王的勇猛刻畫得唯妙唯肖，使整個雕像充實而完善，代表著東魏時期佛教造像的較高水準。

青石　東魏武定元年（543年）
高190公分　寬80公分
河南博物院藏　（正面）

天龍八部中的龍神

龕楣兩端刻兩條龍，這是佛經所說的天龍八部中的龍神，是佛的護衛神。在雲岡第十窟的窟門上有二龍王交纏的雕像。二龍的表現形式延續時間非常長，在龕楣外側多雕二龍形象。

連環畫式的佛傳故事圖

佛傳故事又叫做佛本行故事、佛本生故事，是釋迦牟尼佛一生中各階段形象的綜合。一般表現他誕生、王太子生活、放棄太子身分而出家修道、成正覺後的教化事蹟至去世前後的生平等，期間衍化出種種情節和場面。

在道俗造像碑碑陰，以連環畫的形式分三層刻出佛傳故事畫十一幅，分別為第一層有「太子得道諸天王送刀與太子剃」、「寶光佛入（童菩薩）花時」、「如童菩薩噴銀錢與王女買花」三幅；第二層為：「摩耶夫人生太子，九龍吐水洗」、「相師瞻太子得相時」、「黃羊生黃羔，白馬生白駒」、「婆羅門婦即生恨心，要婆羅乞好奴婢逃去時」等四幅；第三層有「五百夫人皆送太子向檀毒山辭去時」、「隨太子乞馬時」、「婆羅門乞得馬時」、「太子值大水得渡時」等四幅。全圖以減地加陰線的刻法、突出了人物和故事情節，它既有佛教傳入我國初期的形式和風格，又不失我國漢畫像石刻之傳統，人物身姿動作富於表現力，是一幅不可多得的石刻佛教畫。

（背面）

彩繪石雕菩薩立像

動態豐富、形象突出

此像於一九八七年在山東青州市龍興寺遺址出土，石灰岩雕成。菩薩頭戴束巾式冠，巾上貼金著彩。面相豐潤適中，體態勻稱。額上濃黑的雙眉彎如新月，雙目下視，一波三折的眼瞼邊線使雙眼生動而富有神采。鼻高且直，朱唇微啓，飾有彩繪鬍鬚，神態恬靜自然。頸佩金色項圈和瓔珞，上身裸露，下著長裙，一條長長的裙帶在腹前結花束腰，施彩的帔帛繞肩貼身下垂，雙腕戴釧，右臂屈肘上舉，手指殘損，左臂自然下垂，手握帛帶，跣足站立在蓮台上，姿態端莊。作者用大片的光潔面來突出人物的軀幹和四肢，特別是動態豐富而具有彈性的手指，反映雕塑家非凡的實力。

形制眾多的造像群

一九九六年十月，山東青州博物館對當地歷史上著名的佛教寺院龍興寺遺址進行考古清理，發現一處大型佛教造像窖藏，出土各類造像兩百餘尊。這批造像以青州產的石灰石雕造而成，還有漢白玉、花崗岩、陶塑像、鐵鑄像、泥塑像和木雕像等。形制上有造像碑、單體佛、菩薩、羅漢、供養人等，大者三公尺有餘，小者不及五十公分。雕刻內容繁簡有別，造像時代是北魏歷經東魏、北齊、隋、唐直至北宋，跨越時間長達五百餘年，尤以北朝造像最多。這一發現在中國佛教藝術考古中實屬罕見。

石質彩繪　東魏（534-550年）
高95公分　山東省青州市博物館藏

張勇洛造像碑

石灰岩　東魏武定元年（543年）
高97公分　寬47公分　厚13公分
河南博物院藏

初現北朝晚期風範的造像

張勇洛造像碑由石灰岩雕成，河南鄭州市出土。碑首螭龍盤繞，圭形碑額鑿一小龕，內雕釋迦牟尼佛結跏趺坐，手施禪定印，身著通肩大衣，兩臂總覆、衣裾覆搭座前，有背光和蓮花頭光，衣紋在胸前形成U字形。二菩薩側身站立於蓮花座上，龕外飾兩棵陰線刻菩提樹，枝茂葉繁。

碑身處鑿一圓拱形龕，內雕一佛二菩薩。主尊釋迦牟尼佛結跏趺坐在須彌座上，手施無畏與願印。束髮式高肉髻頂部稍殘。面相方圓豐滿，大耳貼面，表情和善慈祥。身穿雙領下垂式通肩大衣，右邊衣襟上揚甩向左臂繞肘垂下。內著僧祇支，在胸前束帶打結，帶之一端自然下垂。衣褶下垂自然折疊展開，覆搭座之上部，褶紋厚重，體積感很強。有圓形蓮花紋頭光和蓮瓣形舉身大背光。二脅侍菩薩頭戴寶冠，寶繒垂肩，面相與佛相同，上身袒露，頸戴項飾，帔帛繞肩在腹前交叉下垂後上揚繞肘外飄，交叉處綴一圓形飾物。下身著裙，手握善鎖跣足立於覆蓮座上。其恬靜安詳的姿態，似在聆聽佛法，心馳於佛國世界之中。龕之下部浮雕二力士，寶繒上揚、袒胸露肩，帔帛飄盪。中間雕一夜叉托舉著蓮花荷葉裝飾的博山爐。該碑雕刻風格清新，佛的形象已不再有北朝早期造像中高鼻寬肩的西域樣式，完全成為漢族女性的形象，成為北朝晚期的造像風範。

釋迦說法造像碑

釋迦說法及佛前的七佛形象

在中國佛教造像史上，西魏的佛碑雕刻成就較爲突出，其內容豐富，構圖緊湊，刀法嫻熟。運用高浮雕、減地陽刻、陰刻等多種技法，使佛碑能最大限度地擴充內容。這通釋迦說法造像碑可謂西魏佛碑之代表作。

碑身上半部鑿一圓拱形佛龕，尖拱形龕楣上飾以忍冬紋圖案，龕內釋迦牟尼佛結跏趺坐於束腰須彌座上，手施無畏與願印，頭飾高肉髻，臉型略長，寬額大耳，彎彎的細眉下，雙眼微睜俯視前方，薄唇小嘴，微露笑容，面相慈祥而恬靜。身披雙領下垂式通肩大衣，裙褶覆蓋著方形須彌座，褶紋變化多樣，流暢自然，立體感較強。佛身後二弟子虔誠地恭立左右。佛前左右兩側二菩薩的裝束與其他同時期菩薩造像不同，沒有華麗的寶冠，而將髮髻上挀成尖錐形，變身披帛帶的菩薩裝而身著圓領通肩寬袖大衣，下身著裙，衣褶簡潔。

在龕楣上方刻七佛，分別是毗婆尸佛、尸棄佛、毗舍婆佛、拘樓孫佛、拘那舍牟尼佛、迦葉佛和釋迦牟尼佛。碑身下部刻二天王和兩隻護法獅子，天王肩披帛帶，下著戰裙、赤裸的手臂露出凸起的肋骨，顯示出無比的力量和威武勇猛。兩邊的獅子齜牙咧嘴，髭鬚上揚，更顯凶猛可怖。人物形象生動，雕刻細膩，開隋唐佛教造像之先河，是一件難得的佛教雕刻藝術品。

石　西魏（535-557年）
高48.2公分　寬21.5公分
陝西省博物館藏

92

釋慧影造釋迦漆金石像

石質漆金　南朝梁中大同元年（546年）
通高34.2公分　上海博物館藏

先施粉彩後貼金箔

這尊佛像是一九六〇年十月顧延先生捐獻給上海博物館的，採用堅細的褐色火成岩雕成，原施粉彩，因久歷風塵，色彩脫落，後又貼金箔，現金箔脫落處尚能看到粉彩痕跡。釋迦牟尼佛半結跏趺於方形須彌座上，左手作願心印，右手施轉法輪印，面相方正典雅，高肉髻飾以螺紋，刀法簡潔，桃形頭光飾以蓮花圖案。眼微睜俯視，口角深凹露出慈祥的表情。身穿雙領下垂式寬袖大衣，內著僧祇支，衣褶作對稱的正反轉折垂於台座。兩邊立二脅侍菩薩，在佛與菩薩之間以陰線刻出阿難、迦葉二弟子形象。台座前刻一對護法獅子，中置博山爐。

圭形背光的釋迦說法圖

在佛後圭形背光上面用陰線刻「釋迦如來初轉法輪」佛傳故事圖。據《釋迦譜》說：佛陀成道後，首先到婆羅奈斯城，時值盛熱之後，降雨頻繁，不能遊歷四方，因安居說法。圖上部刻一佛端坐說法，二菩薩侍立其旁，左右列坐聽經眾僧，空間刻以鱗狀波浪紋飾地。這幅優美的線刻畫，既巧妙地裝飾了圭形背光，又能加強表達造像的主題內容。

在背光背面以楷書刻題記七行，曰：「梁中大同元年太歲丙寅十一月五日，比丘慧影奉爲亡父母並及七世久遠，出家師僧並及自身，廣及六道四生，一切眷屬，咸同斯福。」

釋迦牟尼佛像

釋迦與眾弟子行進圖

這件精美的釋迦牟尼佛造像，爲青灰色石灰岩雕成，惜背光已殘，主體造像尚完好無損。佛飾高肉髻，以陰線刻出螺旋紋飾。面相豐滿圓潤，高鼻直挺、雙眼微睜、小嘴薄唇、嘴角深凹處露出慈祥的表情。身穿雙領下垂式通肩大衣，內著僧祇支。雙手施無畏與願印，結跏趺坐於束腰須彌座上，裙裾下垂覆蓋著座的上半，衣紋淺顯，多作光潔面。弟子阿難、迦葉和二脅侍菩薩分立左右，弟子身穿通肩大衣，下身著褲，雙手合攏於胸前，面目端莊而恭謹；菩薩頭戴花冠、寶繒下垂、袒上身，帔巾繞肩下垂於兩腿間形成穿環，然後上揚繞肘腕下飄，形象嚴肅而親切。

在造像座前中央，刻一夜叉雙手托舉著以荷葉裝飾的博山爐，兩邊的供養人手持蓮蕾侍立供養。一匹鞍具齊全的白馬後腿蹲地，前腿奮蹄，似爲禮佛。另有一匹身軀矮小的驢拉著一輛低矮的廂式馬車緩緩行進，其旁有侍者持傘蓋跟隨。在造像座前面外沿，兩個護法天王袒胸赤臂，凸筋暴骨，帛帶繞肩下飄，長裙曳地，形象凶悍。

小塊石碑上刻七十六人

這尊造像背面上半部的一個尖拱形大龕內，分兩層雕刻。上層雕釋迦多寶佛並肩而坐，供養人侍立兩旁。下層的帳形龕內刻彌勒佛交足而坐，菩

石灰岩　北齊（550-577年）
殘高62.6公分　上海博物館藏
（正面）

薩、弟子端立左右，座前四個夜叉有的托舉彌勒佛雙足，有的持帶，均作蹲跪狀供養人手舉蓮蕾和傘蓋列立其旁。龕外兩邊刻有維摩詰經變圖和脅侍菩薩以及供養人像。其上部刻有太子逾城出家佛傳故事圖，一匹鞍具齊全的白馬足踏蓮花騰空躍起，形象生動。造像的下半部刻兩列男女供養人像，均手持蓮蕾恭敬而立。

作者用浮雕加陰線的表現技法，將佛的慈祥、弟子的端莊、菩薩的嚴肅、供養人的虔誠表現得淋漓盡致。特別是在這高不足六十三公分、寬不足五十公分的面積內，雕刻了七十六個人物和一匹白馬，充分顯示了作者的高超的雕刻技能。雖有殘損，但仍不失為一件難得的精美石雕藝術品。

（背面）

佛的坐姿

釋迦牟尼佛是佛教造像藝術中最常見的題材，多作坐像，但其坐姿又多有不同，主要有三種：一種是結跏趺坐，就是左足放在右大腿上，右足放於左大腿上，這種姿勢使人感到心中最穩定，所以又稱為金剛跏趺坐；第二種是半跏趺坐，就是右足放於左大腿上，左足放於右大腿下，這種坐姿在造像中最常見；第三種是善跏趺坐，就是雙足下垂，又稱倚坐。除這三種坐姿外，還有一種站姿，是釋迦牟尼佛遊化或乞食的形象。

釋迦牟尼佛像

青石施粉彩　北齊（550-577年）
高46公分　寬27公分
山西省博物館藏

舍利塔

建造佛塔起源於印度，起初是保存
或埋葬釋迦牟尼佛舍利的建築物。
釋迦牟尼佛去世，遺體被火化後，
結出許多晶瑩明亮、擊之不碎的珠
子，這就是舍利。這些舍利被當時
八個國王取去分別建塔加以供奉。
在造像中刻以佛塔，與此有關。

反映教義的造像形式

該造像於一九五四年在太原市華塔寺
出土。為青石雕成，表面飾粉彩。主
尊釋迦牟尼佛神態慈祥，二弟子、二
菩薩分立左右，表情嚴肅。兩個神態
虔誠的供養人站立兩邊。座前一夜叉
赤身裸體，雙手托舉著蓮花造型的博
山爐，其旁以綠色粉彩塗畫的蓮花荷
葉栩栩如生，二比丘跪坐爐旁虔誠地
供養，二護法獅子昂首挺胸，護持佛
法。兩邊的兩個天王帛帶繞身，手持
法器，可惜頭部已殘。背光外沿除有
六個供養天人外，還有背光頂端金光
燦燦的四門寶塔，天人頭戴花冠，手
捧供盤，天帶飄揚，飛舞在天際彩雲
之間。這種造像形式在北朝時期金銅
佛造像和石窟造像中多有出現，它既
裝飾了背光大面積的空白處，同時也
是佛教教義的具體反映。

背光頂端寶塔的造型

在北朝末期的造像中，背光頂端常常
雕刻一座四門單層寶塔，塔基飾以蓮
花，疊澀的塔簷上四角飾以山花蕉葉
圖案，塔頂為覆缽形，頂上置數重相
輪為剎。建於北齊河清二年的河南安
陽靈泉寺有一個道憑法師燒身塔，即
為這一形式的實體存在，只不過塔身
只開一門而已。塔這種佛教中特定的
建築形式，本不是中國的產物，而是
隨著佛教的傳入而出現的。

思維菩薩像

體現「淨土思想」的菩薩石像

這尊半結跏思維菩薩像，為一整塊白色大理石雕刻而成。造像原施有粉彩，現剝落殆盡，從頭光和裙褶處尚留有粉彩痕跡。菩薩背靠菩提樹在思索人生的真諦，頭戴華冠，有圓形頭光，光環內以卷草紋和蓮花瓣圖案裝飾。寬額大耳，面相豐圓，略具蒙古人種的面部特徵。臂戴釧環，上身袒露，下著裙裾，肩披帔帛繞肘下飄，左腳垂地，足踏蓮花，右腿平放於左腿上作半跏趺坐，左手平放左膝上，右手屈肘上舉支托著面部作思維狀，下垂的裙裾覆蓋著束腰的蓮花座，腿部的衣紋繁密流暢，似受東魏造像的影響。茂密的菩提枝葉似為菩薩的背光。這種表現淨土思想的造像題材，在北齊時河北曲陽一帶較為常見，當與北齊時河北地方流行之淨土思想有關。如現藏上海博物館，刻於北齊天保四年（五五三）道常造思維太子像，現藏美國舊金山亞洲藝術館，刻於北齊天保二年（五五一年）的半結跏思維像等，均為北齊時曲陽地區流行的一種樣式。整個造像造型優美，刀法嫻熟，衣紋採用傳統的漫圓刀法以陰線刻成，線條流暢貼體。造型明快簡潔，比例結構準確，整體感很強。雕工精湛細膩，富於裝飾性，堪稱北齊時期佛教造像的代表作品。

大理石施粉彩　北齊（550-577年）
高33公分　寬17.5公分
美國菲利爾國立美術館藏

釋迦遊化像

石　齊（550-577年）
高144公分　上海博物館藏

遊化和乞食形象的釋迦石像

在佛教造像藝術中，有一種釋迦牟尼佛單體立像，既無弟子，亦無菩薩相伴，這就是釋迦牟尼佛遊化和乞食的形象。佛頭飾高肉髻，光平無紋，寬額大耳，面相豐滿，彎彎的細眉下綴

著一雙微閉的大眼，嘴唇微啟，嘴角上翹，露出慈祥的微笑。身著雙領下垂式通肩袈裟，下垂的領帶在胸前形成U字形，內著寬大的類似斜披在肩上的帔帛式僧祇支，衣紋繁密，但卻流暢自如。手指向上，施無畏印，表示能除眾生痛苦，有大地作證；左臂端起，手掌向前，手指向下，施與願印，表示能夠滿足眾生願望。

佛身後的舟形大背光，仍沿襲北魏至東魏時期佛教造像中背光的形式，在圓形頭光內飾以蓮花圖案，背光外沿刻以熊的火焰紋。雕刻細膩，以平面淺浮雕的形式將背光花紋裝飾得十分得體，華而不亂，主題突出。特別在衣紋處理上，除借鑒前期衣紋平行階梯式的製作方法外，還用雙陰線勾勒，使衣紋突起，增強了立體感和厚重感，在北齊時期的佛教造像中獨具一格，是一件不可多得的雕塑藝術珍品。

比丘法陰造像碑

螭龍盤繞、造型精細

一種藝術的存在，在不同時期有其不同的表現形式。佛教造像這種宗教教義的載體，作為一種藝術形式，在不同時期也以不同的形式存在著。隨著佛教的傳入，早期的佛教造像借鑒印度的造像形式，除開窟雕像外，均以單體或多尊佛、菩薩組合並附有舟形大背光的形式在民間出現，直至北朝晚期的東魏時期。然而隨著時間的發展，佛教造像這一外來藝術形式逐漸被中國本土的固有的審美觀所同化，出現了以中國的螭首碑體進行佛教內容雕刻，我們稱之為造像碑。這種造像形式既經濟實惠，便於雕造，又可以容納更多的內容，也就更能反映造像主的願望，因此在東魏至北齊時期，這種螭龍盤繞碑首的造像碑十分盛行。

比丘法陰造佛碑像即是這一時期的代表作品。碑首螭龍盤繞，形成半圓形，龍首相向唧住碑身，龍爪凸筋暴骨，龍身鱗甲上飾以紋飾，這是北齊時期對龍雕刻的固定風格。在碑額正中的一棵枝葉繁茂的菩提樹下，釋迦太子半結跏坐於蓮花座上，在那裡思維著人生的真諦。碑身中間的大龕內，釋迦牟尼佛端坐於有蓮花裝飾的束腰須彌座上，手施無畏與願心印，髮飾螺髻，面相豐滿，表情慈祥。內著僧祇支，寬敞的雙領下垂式大衣總覆兩臂，下部裙裾覆蓋著須彌座的上部，衣褶垂疊繁密變化多樣。兩邊二

石　北齊天保八年（577年）
通高150公分
瑞士瑞特保格博物館藏

弟子、二闢支佛、二菩薩分立左右，座前一夜叉托舉著博山爐，二隻護法獅子和二個袒胸著裙的力士在那裡恪盡職守，間以蓮蓬荷葉裝飾。龕上部刻天人簇擁著文殊菩薩和維摩詰論道，文殊端坐於有蓮花裝飾的束腰須彌座上，手中執杖，表情安然，胸有成竹。維摩詰在其對面席地而坐，手持塵尾面對文殊侃侃而談，眾天人在中間洗耳恭聽，氣氛熱烈。這種定型化的構圖在北齊造像碑中經常見到。

通觀全碑，雕刻細膩，構圖充實，人物造型表情豐富。特別在雕刻的細節方面，做到了以刀傳神，形似神似，一絲不苟。該碑保存完好，真可謂北齊佛教造像藝術精品。可惜已流失國外，給國人留下了千古遺憾。

辯論佛理的維摩與文殊圖像

維摩詰經變，是佛教造像中經常出現的造像題材。據《維摩詰所說經》：維摩居士擁有人間一切財富，樂尚佛法，擁有妻妾兒女而遠離「五欲淤泥」。他經常演講大乘佛法，又經常裝病吸引有志之士辯論，眾佛弟子辯不過他，佛派以「智慧」著稱的文殊前往維摩住處「問疾」，與維摩辯論佛理。其圖像往往表現為維摩與文殊分坐殿堂內，南北相對。維摩揮動塵尾，正侃侃而談，週圍有天女僧眾恭聽。對面的文殊揚手作辯論狀。

（局部）

101

高海亮造像碑

釋迦說法與眾弟子構圖

此碑一九五七年十月在河南襄城縣城西汝河西岸的孫莊出土。青石雕造，碑座已佚。碑額雕四龍纏繞，額正面小龕內雕觀世音菩薩及二脅侍。碑身中部造一大龕，主尊為釋迦說法，左右有辟支佛、菩薩、弟子、力士八尊；上部雕有「維摩經變」，左為維摩詰居士，右為文殊師利菩薩，中有眾僧九人相倚聽法；下部中間跪一夜叉，頭頂博山爐，兩側各立一比丘和一獅子。在碑額的背面，雕「太子逾城出家」佛傳故事。在表現手法上繼承了北魏的直平刀法，又運用漫圓刀法和陰線刻，因地制宜地刻畫出不同的形象。如衣褶的再現，是先用直平刀法刻出較凸或較凹的層次，再用漫圓刀法削去過度方重的稜角，最後用陰線勾勒出較細膩曲直的紋飾。由於運用多種變化的手法，雕造出來的形象較前柔和秀麗。特別是碑額背面的逾城出家圖，運用平起兼陰線的表現手法，在佛教藝術作品中很少見。

太子出家的緣起及飛行圖

二十九歲的悉達太子經過遊歷的所見所聞，有感於人生老病死的痛苦和生物的相互殘食，更堅定其出家修行的決心。淨飯王聞知後命令嚴守城門，不許太子出城。一天夜間太子趁衛士們酣睡之時，騎著朱鬃白馬出宮，走到城牆下，天王降臨托起馬的四蹄，騰空而行飛過城牆，徑向雪山而去。

（正面）

（背面）

青石　北齊天保十年（559年）
高108公分　寬57公分　厚18公分
河南博物院藏

劉紹安闔家造像碑

釋迦造像及「魏碑體」題紀

此碑一九六四年七月在河南新鄭縣小喬鄉出土，爲青石雕造。碑正中鑿一圓拱形龕，內雕釋迦說法像。釋迦面相豐滿圓潤，身著覆搭雙肩的袈裟，內著僧祇支，手施說法印，結跏趺坐於須彌座上。裙裾下垂覆蓋座之上部，座下飾覆蓮。二脅侍菩薩恭立左右，上身祖露，臂戴釧環。帔帛繞肩在腹前穿環下垂，繞肘飄下。衣紋淺顯，簡潔流利。該碑刻於龕周圍的造像題記，也具有很高藝術價值。全文用正書書寫，結體呈正方形或略扁，橫畫平直，撇捺舒展開放，如強健的手足穩穩撐開，顯得飽滿且大氣磅礴，筆法上既保留了漢隸朔勢起筆、藏頭護尾的特點，又能大膽露鋒取勢，開唐楷之先河，明顯具有「魏碑體」之風範。

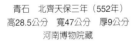

青石　北齊天保三年（552年）
高28.5公分　寬47公分　厚9公分
河南博物院藏

發願文：唯大齊天保三年三月，中鄉豪都督劉子瑞，領車人向徑州城打吳賊。路中見浮圖，遂發洪願，使軍人平安至舍，造三級浮圖一區。今得成就，中有石像一區，威儀具足，金容麗妙，與日月齊光。仰願皇祚興隆，四海寧晏，身命延長，無諸患苦，存亡眷屬，咸同茲福。又願邊地眾生，俱登彼岸。父劉紹安、兄劉馬翼、弟劉伏寶、弟劉蠻勇、弟劉景明、弟劉陸虎。

丁朗造像碑

眾佛聆聽釋迦多寶論法圖

丁朗造像碑，一九八九年夏在河南省新鄭縣薛店鄉南裏崗村出土，爲灰色石灰岩雕造。該碑出土時已斷爲兩截，但造像基本未殘，沒有碑座。

半圓形碑首爲六條螭龍盤繞，碑額處雕交腳彌勒和二弟子。彌勒頭戴寶冠，袒露上身，頸戴蓮瓣項飾，細密的裙褶覆蓋著下肢，露出雙足踏在蓮花上。座下山石聳立，波濤洶湧。

碑身上部雕《法華經》中見寶塔品，中間刻一寶塔，釋迦多寶佛坐在塔內論法，其各自的脅侍菩薩和弟子分立兩旁恭聽，均有頭光，衣飾簡潔。在這組群像中，位於寶塔兩側的兩個形象高大者，相向而立，頭有高肉髻，著袒右肩式袈裟，屈肘向對方打著手勢，似在辯論著佛法。

在碑身下部鑿一大龕，內雕釋迦說法像。拱形的龕楣似一道彩虹，給釋迦說法的場面增加了幾分絢麗，又恰似一道閃耀的光環，象徵著佛光普照，恩澤眾生。釋迦牟尼佛結跏趺坐於有覆蓮裝飾的方座上，束髮式肉髻，面相豐圓。外穿雙領下垂式通肩大衣，內著僧祇支，手施無畏與願印，裙裾自然下垂折疊展開覆搭座前。兩邊各刻菩薩弟子以及天王六人站立左右，與主佛形成宏偉壯觀的說法場面，布局合理，章法嚴謹，將佛的慈祥、弟子的謙恭、菩薩的和善可親以及天王的威武勇猛，表現得淋漓盡致。

石灰岩　北齊（550-577年）
高100公分　寬47公分　厚15公分
河南博物院藏

另在碑之兩側各分三組雕刻造像，左側下兩組刻七個供養人，上組爲兩個飛天；右側下端龕內雕二人，手拿桶形羯鼓在進行表演；中層龕內爲一佛二菩薩造像；上層兩個小龕內各雕一佛禪定而坐。

密而不亂的造像布局

該碑形體雖不很大，但內容豐富，在不到一平方公尺的範圍內，錯落有致地雕刻出了四十八個栩栩如生、神態各異的人物形象，布局密而不紊，主題突出，充分顯示了雕刻匠師的嫻熟技巧。在雕刻上以圓刀爲主，線條淺顯流暢。人物形象豐滿，服飾衣紋較爲簡練，明顯具有北朝晚期造像特徵。

羯鼓的產地及形制

羯鼓是南北朝時期經西域傳入內地的，據唐人南卓《羯鼓錄》載，其形制「如漆桶、下以小牙床承之，擊用兩杖」，故又名「兩杖鼓」。羯是指閹割了的公羊，用其皮做鼓，聲音純正而響亮。唐人所說的羯鼓是放在牙床上演奏，而該造像碑上的羯鼓卻是手抱兩端而鼓，說明羯鼓的表演方式是多樣的。

（局部）上爲交腳彌勒，
下爲釋迦、多寶佛

劉紹安造像碑

裝飾性強的青石雕像

劉紹安造像碑一九六四年七月在河南省新鄭縣小喬鄉出土，為青石雕造。碑首刻六條螭龍盤繞，碑額的圭形龕內一佛禪定而坐。碑身為一大龕，圓拱形的龕楣具有很強的裝飾性。龕內雕釋迦說法像。主尊釋迦牟尼佛結跏趺坐束腰方形須彌座上，手施說法印，肉髻扁平，面相豐圓，已不再有北魏時期「秀骨清像」的特徵。雙領下垂式通肩袈裟，內著僧祇支，裙裾覆蓋須彌座上層，衣紋淺顯，流暢自然。身後有圓形蓮花頭光和蓮瓣形火焰紋背光。二弟子二菩薩二闥支佛恭立左右，恭聽佛陀宣講佛法。龕下方雕一山花蕉葉裝飾的博山爐，二供養人跪跪兩旁，兩隻獅子伏在兩側護持佛法，以防邪魔進入這莊嚴的講法會場。長方形碑座前面中間減地線刻一蓮花裝飾的博山爐，兩邊各刻三個男女供養人，褒衣博帶，或戴冠或束髻，均手持蓮蕾虔誠供養。

此造像碑整體構圖密而不紊，主題突出，雕刻細膩，保存完好，是北齊造像碑中不可多得的藝術精品。

青石　北齊天保十年（559年）
高59公分　寬24.5公分　厚9公分
河南博物院藏

彩繪石雕釋迦立像

石質彩繪貼金　北齊（550-577年）
像高97公分　榫高22公分
山東省青州市博物館藏

石雕與繪畫相結合

該像於一九八七年在山東省青州市龍興寺遺址出土，用石灰岩雕成。釋迦牟尼佛跣足站立，足下有榫，以利安放。螺髮高肉髻，面相方圓豐潤，大耳垂肩，額頭寬闊，兩道彎眉下一雙炯炯有神的眼睛微微睜開，平視前方，朱唇半啓，似在向眾生說法。身穿田相紋圓領通肩袈裟，內著長裙，雙手施無畏與願印。造像的面部及手腳肌膚均貼金，雖已大部份脫落，仍能看到當年金碧輝煌的痕跡。螺髻、領口及衣緣飾繪石青，寬大的袈裟用硃砂色配以石綠、赭石、寶藍等色彩繪出圖案，色彩鮮艷奪目。衣紋以彩繪取代了雕刻，雖然沒有了刀鋒稜角的立體感，卻能表現出更爲樸素的美感。這種形式的佛教造像迎合了眾生的審美情趣，同時也體現了中國石雕藝術和繪畫藝術的完美結合。

107

觀世音菩薩諸尊造像

向女性轉化的菩薩造像

於一九五四年在山西太原市郊區華塔寺出土了共有石刻造像十餘件，有佛像，也有菩薩像，以這尊觀世音菩薩造像最爲完好。這批瘞埋佛像的年代在北齊──唐初之間，可能與唐武宗會昌五年（八四五年）滅佛有關。

該像以透雕刻出兩棵枝葉繁茂、軀幹粗大的菩提樹交叉盤繞形成大背光，觀世音菩薩赤足站立，頭戴華冠，寶繒下垂，冠前正中飾以化佛，頭後的圓形頭光內飾有兩道彩色光環。面相豐滿圓潤，兩耳緊貼面部，大眼微睜俯視前方，唇微啓似在與眾生交談，微翹的嘴角露出慈祥的笑容，神態安祥，表情和藹可親。項飾瓔珞，帔帛繞肩在胸前交叉穿環下垂，然後上揚繞肘下飄，一條瓔珞飾物從穿環處垂下。下身著裙，腰繫帶，雙手飾無畏與願印。二弟子、二菩薩恭立兩旁，弟子表情嚴肅，菩薩姿態安然。特別是菩薩袒露的上身，露出豐潤優美的肌膚，帔帛繞肩貼身下垂，使菩薩的身姿具有曲線美，這種造像風格對唐代佛教造像具有很大的影響，可視爲菩薩造像由男性向女性化過渡的開端。

造像下部的博山爐、護法獅子以及護法天王，是北齊造像中常用的組合形式。

以菩提樹交纏成的背光上面，六個伎樂天在空中自天而降，手執樂器或吹或彈，天衣飛揚，體態輕盈婀娜，

石刻　北齊（550-577年）
高59.5公分　山西省博物館藏

（局部）二龍王護衛著單層寶塔

雙腿與身軀形成U字形，這是北齊時
期飛天造型的典型姿式；在伎樂天人
的簇擁下，兩個龍王護衛著一座用蓮
花裝飾的單層方形寶塔，在空中飄
蕩。這種方形寶塔是用來盛放釋迦牟
尼佛舍利子的，在造像中出現這種題
材，以示佛陀的存在。

透雕加高浮雕的雕刻技法

在雕刻技法上，作者採用透雕和高浮
雕以及陰線刻並用的雕刻技法，使主
體更加突出，立體感更強。那圓雕的
人物，造型準確，表情豐富；那高浮
雕的伎樂天，給人一種在空中飛舞之
感；還有那傳統的陰線刻的衣紋，流
暢自如，無一點呆滯之感。將天上、
人間、遠景、近景融匯在一起，充分
顯示了作者運用三度空間進行藝術創
作的高超水平，可說是一件罕見的藝
術珍品。

（局部）觀世音菩薩

張伏惠造像碑

漫圓刀法兼陰線刻

張伏惠造像碑一九五七年十月在河南襄城縣城西汝河西岸的孫莊出土。碑座已佚，無碑額。正面上部浮雕垂幔，下有二列三層六個造像龕。上層二龕主尊爲彌勒佛和觀世音菩薩，中層二龕主尊爲釋迦說法，下層二龕主尊爲無量壽佛。主像兩側均有二弟子、二菩薩、二辟支佛，唯中層左龕內的二菩薩前各有一婆藪仙人。每龕下端中置博山爐，兩側各有昂首翹尾蹲坐的獅子。造像面相瘦削，身材修長，衣紋重疊。佛座已由長方形矮台或長方形須彌座變成橢圓形束腰覆盆式蓮座。雕刻方法已改稜角分明的直切，削爲漫圓刀法兼陰線刻。碑陰上部刻有造像題記，下部和兩側面以及碑正面隔樑上，均刻有造像者題名。

發願文：大齊天統四年，夫眞容潛量，妙絕□望捨生嗚呼，劇戀慈父形聲，家莫無由能繼然。大都邑主張伏惠可謂地貫華薈，門光海望，歲寒不凋之孫，連旱不渴之胤，知身非常，財叵恆保。遂相勸率信行之徒，各減家珍，遠召名匠，敬造石像一軀。假此功德，願三寶永隆，國休□□，下有蠢動，咸□□趹彼岸。

石　北齊天統四年（568年）
高131公分　寬65公分　厚9公分
河南博物院藏

彩繪貼金觀音像

漢白玉石彩繪貼金　北周（557-581年）
通高94公分
陝西省西安市文物考古所藏

漢白玉觀音像

此像於一九九二年在陝西省西安市發現。像爲漢白玉石雕成，座爲青石雕造。菩薩梳束髮式高髻，頭戴寶冠，冠前飾小化佛。寶繪順兩肩垂下。面相方圓豐潤，雙眼微睜，眉清目秀，飽滿的雙唇嘴角內收，露出慈祥的笑容，大耳貼面，耳垂穿環，形象溫文爾雅。身佩瓔珞、寶珠，深垂過膝，帔帛繞肩自然飄下。下身長裙及地，裙褶繁縟細密，加之貼金的瓔珞和施彩的帛帶，使菩薩金碧輝煌，更加華麗。足下的仰覆蓮座前雕二獅子。

對後世頗具影響的造像風格

此像造形雖有北周造像面形方圓、形體短壯的共同特徵，但對人物形體有較細膩的刻畫，特別對人物面部的處理，尤爲細膩生動。精美華麗的瓔珞裝飾和對衣紋的著重刻畫，完全掩蓋了因形體短壯而造成的比例失調。這種風格對後代造像頗具影響，成爲隋代菩薩造像的範本。

滅佛遺存、彩繪貼金

北周武帝建德三年（五七四年），鑒於當時佛教寺院經濟發展，使官府賦稅蒙受重大損失，因而下令廢釋、道二教，盡毀佛道經像。此像可能是在北周武帝滅佛期間被掩埋藏匿於地下的，出土時完好無損，彩繪貼金依舊艷麗輝煌，是一件不可多得的石雕藝術珍品。

阿彌陀佛造像碑

追求華美的阿彌陀佛造像

該碑原在河南省洛寧縣牛曲村千佛寺，一九六五年運至河南博物院，用石灰岩雕成，碑由九脊四阿式屋頂碑首、豎長方形扁體碑身和長方形蓮花座組成。

在碑身正面上部的大龕內，主尊阿彌陀佛結跏趺坐在須彌座上，束髮式高肉髻，面相豐潤略顯瘦長，表情慈祥恬靜，腦後圓形頭光內飾以蓮花圖案。寬敞的雙領下垂式通肩大衣，右側衣襟甩向左臂在腹部形成U形衣紋。下垂的衣褶覆蓋著以蓮花裝飾的須彌座，衣紋繁縟重疊，變化多端，雖少了流暢自如的韻味，卻也增加了服飾的厚質感。阿難、迦葉二弟子恭立左右，表情嚴肅。觀世音、大勢至二菩薩端立其旁，雖頭部已殘，從其衣著服飾和人物造型來看，仍能找到菩薩那慈悲為懷、安祥恬靜、亭亭玉立的丰姿。其旁的兩個身著菩薩裝的矮小人物，大概就是婆藪仙人吧。

佛座前二個席地而坐的比丘在持果供養，兩條昂首後眺的蒼龍張牙舞爪，護持著佛法，這就是佛教造像中經常出現的天龍八部中的二護法龍王。它們若出現在造像碑中，有的刻於龕楣，有的刻於龕之上部，此碑則刻於龕之下方，與眾不同，表現了作者獨到的創意。在其下部刻二天王、二獅子和博山爐，這是北朝晚期造像的基本定制，但風格略有不同，天王那結實豐滿的身軀，怒目圓睜的面

石灰岩　北周保定五年（565年）
高184公分　寬70公分
河南博物院藏

孔，雖具有其威武的一面，但那帔帛式柔軟的服飾卻給這強悍之軀增添了幾分溫柔。獅子雖然昂首怒目，鬃毛捲起，有一副可怖的面孔，但卻少了幾分力度，充分反映了北周時期人們追求華美的審美觀點。同時龕周圍蓮花裝飾和造像本尊阿彌陀佛，說明淨土宗信仰此時業已興盛。

非常流行的千佛造像

在這塊碑的碑陰及兩側，陰線刻了排列整齊的近千個小佛像，俗稱「千佛碑」，這種題材在石窟造像中非常流行，而且延續的時間很長，經常表現爲整個壁面、窟頂或塔柱上雕刻數量很多的小佛像。

（局部）

千佛

佛教思想認爲，宇宙在時間上是無限的，但世界發展是有週期性的，每一週期要經歷成、住、壞、空四個階段，時間大約爲一百二十八億年，稱爲大劫。每一劫中都有千人成佛。過去「莊嚴劫」如此，現在「賢劫」、未來「星宿劫」亦如此，這在《三劫三千佛緣起》等書中有明確記載。中國石窟及造像中所表現的是現在的「賢劫」千佛。在民間，把刻有千佛的石窟稱爲「千佛洞」、「萬佛洞」，可見千佛題材之普遍。另外，還有千佛題材的簡化形式，表現爲九佛或十二佛等。

釋迦牟尼佛像

面龐恬靜秀麗

該像於一九七五年陝西西安漢長安城附近出土。在一塊方形大理石碑上，開鑿一帷幔形佛龕，主尊釋迦牟尼佛端坐於方形蓮花須彌座上。寬額細眉，兩隻大耳緊貼面部，兩眼微睜俯視前方，上挑的眼角和直挺的高鼻襯托得面龐恬靜秀麗。寬敞的通肩大衣覆蓋著雙臂，胸前衣紋呈U形平行排列。下垂的裙裾覆蓋座前，衣褶重疊，層次分明，線條流暢自如。兩個脅侍菩薩恭立左右，頭戴花冠，身披帔帛、手持花蕾，恬靜秀麗的面孔儼然一副貴族婦女形象。對細部的處理，如衣紋和帷幔以及流蘇的刻意表現，不失為一件較好的石雕藝術品。

大理石　北周（557-581年）　高40公分
寬28公分　陝西博物館藏

精美遺存的小型造像碑龕像

一九七五年，西安漢長安故城附近出土一批北朝後期的白玉雕小型造像碑龕像十餘件，多為高約四十公分、寬約二十八公分的豎直長方形龕。龕楣有天蓋帷幕式和蓮瓣拱尖式，龕內多雕一佛二菩薩的三尊像，有的還雕有飛天伎樂，佛多趺坐。出土時整齊地埋在一起，顯然是有意埋藏的。漢長安城也是西魏、北周兩個朝代的都城所在地。北周武帝宇文邕為了清除寺院經濟與官府賦役的矛盾，曾於建德三年（五七四年）下令盡滅佛道二教，燒毀經像，這批雕刻精美的龕像，很可能是北周京城附近某大寺院所有，為免於毀棄而臨時埋藏的。

隋唐時期

　　隋代的佛教造像有一個較爲普遍的特點，即造型的解剖比例不夠合理和勻稱，類似尚未成熟的「原始」形式；但也有部份造像在比例上卻又優美合度。

　　隋初的造像在造型上繼承了北朝的某些傳統，如形象古樸、單純，佛、菩薩簡練的衣飾裝束，佛的通肩袈裟及脅侍袒胸斜披的形式，都具有簡練的特點。但在面容形象上，卻比北朝造像顯得豐腴圓滿。隋朝晚期的菩薩造像不僅造型優美、周身裙帶線條流暢，而且體軀比例正確合度，臉型及身段上既殘留著北朝「秀骨清像」和「服飾容曳」的審美觀點，又具有向未來的盛唐豐腴型發展的某些跡象。特別是臉型的扁圓和脖項凹線（俗稱又下巴）的顯示，都說明它已經不是北朝末期的傳統。

　　佛教造像在初唐前期尚未完全擺脫隋的影響，但後來就形成了獨特的時代風格，並顯示出盛唐前期的興盛氣象。造像雄偉瑰麗、勁健有力，在生動眞實的刻畫中，特別顯得氣魄宏大，富有活力。入盛唐後，佛像的製作已相當精純，技法圓熟，人物的個性化和高度的寫實性相結合，更進一步地體現了當時的現實生活，表現了當時雄健豪放的時代精神。在佛的莊嚴和威力中，都充滿著青春的活力，達到前所未有的成熟與完美。

　　盛唐時期的佛像，面相方圓，外形柔和，五官特徵完全是漢人形象，神情在莊嚴中又多了一分慈祥。在弟子的形象塑造上，迦葉雖仍遵循「老成持重」這一基本性格特徵來塑造，但將清瘦老邁的形象改爲正當壯年的剛毅之像。阿難的形象卻是性格慈和，眉清目秀，仍有儒學熏陶而成的「溫柔敦厚」之像。天王、力士，儼然一幅唐代武士的雄姿。這時期飛天的裝束與南北朝時期有著顯著的不同，更具寫實性。

　　中、晚唐時期的佛教造像，由於受安史之亂的影響，便顯著衰退，陷入了因襲成規、走向柔媚纖麗或萎靡無力的風格，總體上已失去了初盛唐時期積極創造、追求完美的精神，而顯出某種「格式化」的趨勢。

荀國丑造釋迦坐像

石灰岩 隋開皇二年（582年）
通高190公分 河南博物院藏

釋迦牟尼佛與三層石雕佛像

此像由河南新鄉市博物館早年徵集。用石灰岩雕成，正面主尊爲釋迦牟尼佛，肉髻大耳，凝神閉目，面相豐滿而稍長。方頤突出，兩唇緊閉，嘴角上翹呈微笑狀，表現了佛的胸懷廣闊而堅毅、寧靜的神態。束腰結帶，衣紋厚重繁密，呈對稱形式下垂，結跏趺坐於長方形須彌座上。雙手合攏作禪定印，姿態雍容自然。須彌座下兩側各刻一裸上體著裙的力士，雙手上舉，承托座案。兩側脅侍菩薩跣足立於蓮座上，體態端莊，頭戴花冠，寶繒下飄，腦後有圓形頭光，面部豐滿，穿圓領上襦，瓔珞同帔帛由肩垂至腿部，裙帶衣褶線條流暢、簡練。佛與菩薩背後的蓮瓣形大背光，雕兩株高大的菩提樹，樹上分三層雕佛像八尊，最上端爲交腳彌勒，下兩層七佛均結跏趺坐於蓮座上。另有葡萄、供果等物。造像原飾彩繪，現已大部份脫落，尚能看出淺淡的赭紅底色。

承前啓後的造像風格

綜觀整個造像，構圖繁而不紊，造型上繼承了北周時代體態圓渾，裙帶衣褶線紋流暢、簡練的風格，給人一種莊嚴端莊的感覺。在雕刻技法上，由直平刀法表現細部衣紋，發展爲向下凹入的新圓刀法來表現衣紋。這尊造像在上承北朝後期造像風格、下啓盛唐時期造像特點中，無疑是一件過渡時期的重要作品。

董欽造阿彌陀佛像

雕造精美、追求華麗

該像於一九七四年在陝西西安南郊八里村出土，從發願文可知為開皇四年寧遠將軍武強縣丞董欽所造。在金碧輝煌的四足佛床上，安置著一佛、二菩薩、二力士等五尊造像。主尊阿彌陀佛結跏趺坐於圓形蓮花座上。兩邊的觀世音、大勢至二脅侍菩薩亭亭玉立，頭戴花冠，飾桃形火焰紋頭光，兩條細軟的飄帶從冠後沿雙肩輕柔的垂下，端秀俊麗的面孔，露出可掬的笑容。頸戴珠串項飾，臂戴釧環，帔帛繞肘向外側翻飄，緊貼下身的長裙，襯托出菩薩那窈窕的身軀，儼然一副青春少女形象，可看出菩薩由男性向女性轉變的過程。二力士站立於佛像前邊兩側，頭戴武士冠，面部肌肉飽滿有韌性，雙目圓睜，兩道濃眉像豎起來一樣，形象凶悍。項飾瓔珞，一條長長的珠串斜披肩膀，袒胸露懷，帔帛繞肩下飄，柔軟的戰裙隨風飄動，給這威武之軀添加一種優美的動感。凸筋暴骨的手臂和那象徵力量的緊握的拳頭，顯示出天王威震四方、護持佛法的力量。在天王之間放置著由夜叉托舉的博山爐，飾以山花蕉葉，造型優美華麗。這尊雕造精美、造型準確、工藝精湛華麗的佛像，金碧輝煌，盡善盡美，反映了雕鑄技術在隋代得到了空前發展。對造像追求華麗的審美觀，使這尊阿彌陀佛造像成為隋代極為精美的藝術品。

鎏金銅　隋開皇四年（584年）
高42公分　寬29公分　厚26.5公分
陝西省文管會藏

觀世音菩薩像

鎏金銅　隋開皇六年〔586年〕
高24公分
天津市文物展示中心藏

手持淨瓶的觀世音造像

此尊觀世音菩薩頭戴髮髻冠，寶繒順肩下垂，面相豐潤，高挺的鼻樑直通前庭，兩道彎彎的細眉下，一雙大眼微睜下視，飽滿的嘴唇微微啓動，表情慈祥恬靜。前腹挺起，這是隋代造像的共同特點，胸掛珠串項飾，顆粒較爲粗碩。從右肩斜披的瓔珞深垂過膝。上身袒露，帔帛繞肩飄蕩。下垂的左手提著盛裝聖水的淨瓶。右臂屈肘握著揚起的帛帶，姿態自然放鬆，傾斜的身姿加上呈S形盪起的帛帶，給造像增添了幾分動感。足下高高的束腰仰覆蓮座，使這尊身材本已修長的觀世音菩薩顯得更加窈窕，座下四足方几形佛床仍保留著早期的造型特徵，蓮瓣狀背光上端尖銳，中間刻著雙層圓形頭光，周圍的火焰紋淺顯細膩，顯然係鑄後再刻。該尊造像雖然稱不上是隋代造像的經典之作，但其在保留著北齊、北周遺韻的基礎上，又有新的發展，體現出明顯的過渡期特色。

121

釋迦、多寶佛像

雙眼微睜表情肅穆的釋迦和多寶

該像於一九五七年在河北唐縣北伏城發現。在方形四足基座上，置釋迦多寶佛造像，造像下部疊放在方形基座上的几形雙足座，具有秦漢時期桌几的傳統風格。几形座上的束腰須彌座將雙層蓮瓣形大背光高高托起，在造型上給人以穩重感。背光上部飾以火焰紋，細而尖的背光頂端，使這尊造像顯得秀麗雅緻，這是隋朝金銅佛造像的一大特點。釋迦、多寶並肩結跏趺坐，寬大的衣袖覆蓋著兩臂。左臂下垂，手掌向下平放左膝上；右臂屈肘上舉，手指向上，手掌向外作說法印，反映了釋迦牟尼佛和多寶佛正在辯論佛法。這一釋迦、多寶並坐的造像形式是根據《妙法蓮花經·見寶塔品》中描寫的內容造作的，是中國獨創的造像形式，該題材約出現於十六國時期，北朝石窟及造像中屢見不鮮，隋代鎏金銅鑄像中亦有不少，唐代以後這一題材就極為少見了。

方形基座上留下的珍品

在方形基座上面兩側，自後至前分列菩薩、供養人、弟子立像，左側弟子（迦葉）像已失，留下一圓形榫眼。座前沿鑲嵌著一夜叉托舉的博山爐。前面兩腿上留有兩個圓形洞孔，原安放的護法獅子已佚。這件造型別緻的造像，仍然金碧輝煌，顯示著古代工匠的聰明智慧，給後人以藝術享受，仍不失為隋代金銅佛造像之佳作。

鎏金銅　隋大業三年（607年）
通高37.5公分　天津藝術博物館藏

122

阿彌陀佛像

奇特的背光造型

該像於本世紀初在河北趙縣出土，曾藏日本，後流入美國。在方形雙層四足台座上，置造像五尊，主尊阿彌陀佛結跏趺坐於束腰仰覆蓮座上，透雕的須彌座裝飾華麗。佛頭梳螺髮，面相豐圓，方頤突出，雙目靜合，嘴角上翹露出慈祥的笑容。腦後圓形火焰紋頭光，以透雕的蓮花荷葉裝飾，立體感極強，造型精緻。右袒式袈裟覆蓋著左臂，露出斜披左肩的僧祇支，衣紋凸起，呈階梯狀排列。佛兩邊的二弟子二菩薩侍立於仰蓮座上。弟子後面的二緣覺，左側者戴尖頂帽，右側者戴三面冠，皆合十而立。在佛像前面正中放置一夜叉托舉的博山爐，二護法獅子蹲坐在兩旁。最外側各立一天王，佛身後有兩株娑羅樹，枝葉繁茂、花果纍纍、樹枝盤繞，形成鏤空的舟形大背光。粗大的樹幹上懸掛著寶幡。樹枝頂端一個頭戴花冠的供養天使，手持供物自天而降，天帶後飄，體態輕盈。另在最上面的七枝花朵上分別端坐著飾有圓形頭光的坐佛。此像構造複雜，主次分明，構思巧妙，布局完善，係分鑄合成。

鎏金銅　隋開皇十三年（593年）
高76.5公分　美國波士頓博物館藏

緣覺

梵文稱為「辟支佛」，是自悟十二因緣而得解脫生死輪迴，證入涅槃果位的人。造像中緣覺的形象是頭頂上微現肉髻，面目與佛相同，但身體的比例同菩薩一樣。

123

阿彌陀佛像

具有隋代佛像造型特徵

佛頭梳高肉髻，面相豐滿圓潤，髮際分明，細眉彎彎，兩眼下視，鼻直且挺，薄唇微閉，恬靜自然，慈善可親。兩隻拉長了的大耳緊貼面部，符合佛教中「兩耳垂肩」的要求。右袒式袈裟露出緊貼身軀的僧祇支，軀幹肌肉豐滿而細膩，袈裟上部以荷葉圖案裝飾，衣紋流暢自然，手掌向前作說法印。結跏趺坐的姿式給佛像增加了穩重感，厚重折疊的袈裟下擺覆蓋著佛座，這是隋代佛坐像的造型特徵之一。

鎏金銅　隋（581-618年）
高18公分　上海博物館藏

阿彌陀佛

阿彌陀佛，密教中又稱其為「甘露王」，是淨土宗的主要信仰對象。據《阿彌陀經》所載，其為「西方極樂世界」之主，能接引念佛之人往生「西方淨土」，故又稱「接引佛」。在西方阿彌陀佛極樂淨土中，整個世界以黃金鋪地，天上飄著美麗的花朵；眾生有非凡的智慧，住在鮮花綠水環繞的宮殿內；這裡沒有人間的苦惱和艱辛，人人都是幸福的，只要到了這個世界，「聾者能聽，喑者能語，僂者得伸，跛者得行，愚者黠慧。諸樂不鼓自鳴，婦女珠環，皆自作聲。」故彌陀信仰在隋代開始盛行，到唐代達到高潮，形成淨土宗。

觀世音菩薩像

石灰岩　隋（581-618年）
通高249公分　美國波士頓博物館藏

極其精美的雕刻藝術品

該像據傳由日本早崎吉於一九〇九年十月在陝西西安某古寺中發現，後流入美國，爲石灰岩雕成。菩薩頭部略低，頭上寶髻高聳，寶冠正面有小化佛，冠上有圓形蓮花飾以花繩繫之，冠後的兩條長飄帶滑落肩肘。面部豐滿，雙耳垂肩，鼻直且挺，表情慈愛溫柔。右手執蓮蓬一枚。肩、胸、腰等部份均鑲以精巧細緻的圓形飾物，以繐形珠串連成的瓔珞十分華麗精美。前臂的天衣順著飄帶斜垂至蓮座，增強了身體的動勢。腹部前突，雙足並立，側視爲曲線態。這種立姿始於隋初，前代菩薩立像大多平直，入隋以後開始注重身姿曲線，到唐代更演化爲左右屈曲的優美姿態。足下的束腰仰覆蓮座之蓮瓣上翻下垂，飽滿肥厚。

　　座下的方形基座的四角各蹲坐一護法獅子，前肢直挺，後腿屈蹲，前胸寬闊厚實，腰際以下漸瘦。張口怒目，氣勢威嚴，這種石獅的造型流行於北周、隋代和唐初，唐代帝陵前的踞蹲石獅也從此式發展而成。

　　綜觀這尊觀世音菩薩造像，其比例適當，造型準確，雕刻技法嫻熟。花冠、項圈、佩飾、瓔珞等雕刻之華麗，盡善盡美，是一件極其精美的雕刻藝術品。

阿彌陀佛三尊像

恬淡敦厚的阿彌陀佛造像

在長方形四足佛床上，置一佛、二菩薩、二供養人和二護法獅子。主尊阿彌陀佛結跏趺坐於圓形束腰仰覆蓮座上，覆蓮下邊以鏤空的卷草紋裝飾，束腰部位以數個夜叉頭部圍成一周，支托著佛座。佛梳高肉髻，右旋式渦輪紋還保留著北朝晚期的造像特徵。

(局部) 菩薩

面相豐滿圓潤，體態端莊勻稱，表情慈祥安靜，微含笑意，具有恬淡和悅、溫柔敦厚之美。右袒式袈裟露出右臂那豐潤細膩的肌膚。流暢的衣褶，承襲了北朝晚期的衣紋表現特徵。桃形頭光外圍飾以火焰紋，圓環內飾以鏤空的菩提樹，枝葉繁茂，樹枝上端坐著五尊小佛。這種鏤空式的頭光，在隋代金銅佛像中經常看到，反映了當時的工匠們對造像細部的刻意裝飾和高超的鑄造技術。

銅　隋（581-618年）
通高37.6公分　上海博物館藏

126

菩薩及供養人的造型

二菩薩側身端立佛之兩邊，腦後飾圓形鏤空頭光，光環內以卷草紋裝飾，頭戴寶冠，冠前正中有一化佛，寶繒垂肩，兩條飄帶自兩耳邊自然垂下，面相豐滿，彎彎的細眉下兩眼微睜，隆起的鼻樑直通前庭，鼻翼單薄，嘴唇微閉，露出慈祥的微笑。袒露的上身露出平坦的胸部，還保持著早期菩薩的男性特徵，帔帛繞肩下垂，胸前披掛著珠串式的瓔珞，臂腕戴環，一手屈肘執花朵，一手下垂撩起飄逸的帛帶，下著束腰式長裙，厚重的裙褶顯著著質感，長長的瓔珞垂過兩膝，這是隋朝菩薩造型的又一特徵。

在佛與菩薩之間的空閒處，是安放弟子的位置，可惜二弟子已失，只留下兩個方形的榫眼。兩個男女供養人恭立於菩薩身旁，男者頭戴氈帽，身著寬袖短襦，下身的長裙覆蓋著腳面，雙手合十於胸前，恭敬侍佛。女者頭綰髮髻，肩披帛巾，長裙曳地，手持供品，虔誠供養，人物表情刻畫細膩，神態自若，衣著服飾具有鮮明的民族特徵。另有兩隻護法獅子蹲坐在佛床的前沿，凸胸收腹，昂首翹尾，具有明顯的隋代特徵，獅子的鬃毛和絲絲鬍鬚，縷縷分明，於粗獷中顯現細膩，充分反映了隋代造像注重細部雕刻的特徵。雖然造像布滿了綠色的銅鏽，還是無法掩飾那精湛的雕鑄技術帶給人們的美的享受，給這件藝術精品增添了幾分古樸的氣氛。

（局部）菩薩

大勢至菩薩像

隋朝佛造像之佳作

這尊大勢至菩薩像，與前頁觀世音菩薩像形體大小一致，雕造風格相似，應爲一地所出，或出自一人之手，像以石灰岩雕成。菩薩頭戴寶冠，冠之前、左、右三面均飾以蓮花圖案，花蕊以珠串瓔珞相連，裝飾華麗。這與觀世音菩薩的頭上飾有小化佛的花冠有所區別。冠後兩條類似寶繪的飄帶順著肩部垂向兩臂外，這是隋代菩薩造像的特點。飾有綠色粉彩的帔帛繞肩在胸部交叉，下垂至膝部，然後上揚繞肘貼身垂下，不再有北朝那種飄逸之感。胸前的瓔珞及佩飾與觀世音菩薩相同，極爲華麗，雕刻細膩，可謂隋代佛教造像藝術之佳品。

以組合形式出現

阿彌陀如來與右脅侍大勢至菩薩及左脅侍觀世音菩薩合稱爲「西方三聖」，據《觀無量壽經》稱：「以智慧光，普照一切，令離三途，得無上力，是故號此菩薩名大勢至。」其造像多以組合形式出現，不像觀世音菩薩那樣有更多的單體造像。造像特點與觀世音造像大致相同，只是寶冠上是寶瓶，意爲盛諸光明，普現佛法。往往手持蓮花或法物，多爲站立姿式。最早的大勢至菩薩造像，是甘肅永靖炳靈寺石窟第一六九窟保存的西秦時塑造的一坐佛二立菩薩，旁有墨書「無量壽佛」、「觀世音菩薩」、「大勢至菩薩」。

石灰岩　隋（581-618年）
通高158公分　上海博物館藏

觀世音菩薩像

石灰岩　隋（581-618年）
通高148公分　上海博物館藏

雙手殘缺的觀世音造像

這尊形如真人一樣高低的觀世音菩薩像，是用一整塊灰色石灰岩雕成。菩薩頭戴花冠，三尊有蓮瓣形背光的小化佛端坐於寶冠的前面和左、右面。這種具有裝飾性的圖像，也是觀世音菩薩的身分象徵。菩薩身穿帔帛，下著長裙，頸戴珠串項飾，瓔珞隨同帔帛下垂在腹前交叉後深垂過膝，腹部的虎頭腰牌上懸掛一條華麗的飾佩。衣紋淺細，在花冠、項圈、雜佩、瓔珞等細部處理上，雕刻華麗。

觀世音的使命及多種造型

北周至隋、唐時期，觀世音菩薩造像在民間非常流行。作為接引的菩薩，觀世音負有導引眾生往生西方淨土世界的使命，是我國佛教的四大菩薩之一，說法道場在浙江普陀山。《法華經・普門品》說遇難的眾生只要誦唸其名號，祂就能顯現三十三種化身尋聲往救，素有「大慈大悲」之稱。其造像特徵通常是花冠上飾小化佛，手持淨水瓶或楊柳枝。早期形象多為男像，唐以後改作女像。在密宗造像中，形象有十一面觀音；有左右各具多手，且手中各具一眼的千手千眼觀音；有一面六臂，手持如意、寶珠、寶輪的如意輪觀音；有一面四臂或三面六臂或十臂，且手持羂索的不空羂索觀音；此外還有水月觀世音、日月觀音、自在觀音，紫竹觀音等。

十一面觀音像

左右面呈凶善相

十一面觀音像於一九七六年三月在河
南省滎陽市城東兩公里處的大海寺舊
址出土。據同出土的菩薩像刻有唐長
慶元年年號,可知此造像也應爲唐長
慶元年所造。造像用青灰色石灰岩雕
成,膝以下殘缺。高髮髻,面相豐滿
圓潤,有白毫。髮髻正面刻有八個小
頭像,最上面的是高肉髻的佛像頭,
其下七個作菩薩裝束。左耳後刻有凶
面相,右耳後刻有善面相。石雕像上
身穿衫,飾項圈,戴臂釧、手鐲,長
裙束腰,挽結於腹前。肩雕七臂:兩
臂屈肘於胸前,兩手作說法相,兩臂
下垂於體側,左手握拳,右手執蓮。
肌肉豐滿,雕刻細膩,頗具有盛唐之
風韻。

三面不同造型的十一面觀音

十一面觀音,是密宗造像中較爲多見
的菩薩造像。據《成菩薩集》記載:
「十一面觀音,密宗稱『變異金剛』,
六觀音之一。三面當前,面作慈悲
相,右邊三面作威怒相,左邊三面利
牙出相,後有一面做暴笑相,最上一
面作如來相(阿彌陀佛),冠中有化
佛」。該像與記載基本相符。早期密
宗造像現存不多,此像對研究密宗造
像藝術具有重要價值。

石灰岩　唐長慶元年(821年)
殘高171公分　河南博物院藏

130

思維菩薩像

寓情於形

這是一尊造型十分優美的菩薩造像，高高的束髮式髮髻，面頰豐滿圓潤，鼻翼較寬，高直的鼻樑，眉彎如月，兩眼微合，嘴唇較厚，嘴角內收，雙唇輕輕閉合，側頭沈思，表情寧靜肅穆。袒露的上身露出健美的胸肌，窄而細的帔帛繞肩緊貼胸部而下，給豐滿而不臃腫的肌膚增添幾分活力，顯出一種具有青春氣息的質感。微微凸起的腹部，具有唐代菩薩造像的鮮明特徵。下身著裙，裙裾緊貼下肢，褶紋清晰，較好地表現出絲綢的質感。用凸起的圓線條來表現衣紋，這種方法比隋代的直平刀法、向下凹入的新圓刀法都更進一步。盤坐的雙腿呈交足狀，具有恬靜自然之美。圓形的蓮台佛座厚重而結實，佛座外圍的蓮花瓣以線刻形式表現出來，粗獷中顯現著細膩。雖無隋代造像中佛座的豪華，但卻給這尊思維菩薩造像增添了幾分寧靜和安詳，與菩薩那思索人生的憂鬱心情完美結合，表現了作者所追求的寓情於形的和諧美。

簡潔優美、令人陶醉

思維菩薩的形象為中國所創造，多流行於南北朝時期，唐以後較為少見。這尊思維菩薩造像，其姿態之優美，神態之恬靜，比例結構之準確，以及雕塑手法之簡潔，均達到了高超的水平，給人以完美的藝術享受。

銅　唐（618-907年）
通高11公分　上海博物館藏

131

鎏金銅菩薩像

保存完好的鎏金菩薩造像

菩薩髮髻上攏，頭戴花冠，寶繒順兩肩自然飄下。面相方圓豐潤，天庭飽滿，寬闊的額頭蘊藏著菩薩那「救人於苦難之中」的超人智慧。上身赤裸，袒露的肌膚豐滿細膩，胸前懸掛著珠串瓔珞，雖無隋代菩薩瓔珞的繁縟，但也不失其裝飾的華麗。兩條瓔珞在腹部繫環而下，深垂過膝，取代了北朝晚期菩薩帛帶在腹部穿環的形式。窄而細的帔帛繞肩順著外臂自然飄灑，給不動的身軀增添了幾分動感。該造像保存完好，除面部及臂手處因長期撫摸、表面鎏金脫落外，通身金碧輝煌，不失為唐代金銅佛像之精品。

「三道彎」模式的人體站姿

在這尊造像中最值得注意的是菩薩那微微扭動的「S」形身姿，這種著名的人體站姿「三道彎」模式，最初起源於印度，後經北魏、西魏、北齊、北周和隋代藝術家的改造和創新，將印度造像或繪畫中，人物站姿凸出乳房和臀部、曲線頗具性感等因素減弱或淘汰，形成飄飄欲仙、脈脈含情的中國風格的菩薩形象，在神情、意境和姿態上強調其女性的善良和美麗。

鎏金銅　盛唐（713-765年）
通高27.3公分　上海博物館藏

鎏金銅天王像

鎏金銅　唐（618-907年）
高65公分　陝西寶雞博物館藏

勇猛威武的鎏金天王造像

天王身穿鎧甲戰裙，左臂抬起屈肘上揚，敦厚的手掌向上伸展，右手叉腰，左腿形成半弓步，右腿直立，雙腿裹甲，腳著戰靴，雙足踏兩個面目猙獰的夜叉，重心落在右腿上，姿態雄健有力。上衝的怒髮在頭頂打束，髮絲纖細，縷縷逼真。圓睜的雙目瞪視著前下方，張口怒吼，似欲威懾外來之敵。面部肌肉隆起，顯示著叱吒風雲、威鎮八方的力量，身上的鎏金鎧甲更顯其威風氣魄。也許這尊天王造像，正是當年馳騁疆場、平定叛亂、開拓疆土的唐代將軍形象的再現。作者注重細部特徵的描繪，將面部隆起的肌肉誇張化，來表現天王威猛的力量，顯示著大唐帝國鼎盛時期雄可傲世的精神面貌。那揚起的手臂和半弓步的左腿，以及雙足下的兩個肌肉豐健的夜叉，更增添了天王的幾分威武。天王是護法神，夜叉也是護法神，佛在說法時要有其他神的保護，夜叉也從地下湧出，讓天王踏在其身上，給天王以巨大神力，使天王更加勇猛。此造像精細傳神，是一件難得的唐代金銅造像精品。

阿彌陀佛坐像

寫實的造型

此像原爲山西省太原安邑佛寺中遺
物。阿彌陀佛結跏趺坐於八稜形束腰
須彌座上，頭飾螺髻，髮卷
粗大，面相飽滿豐圓，鼻眼
略有殘缺。肩寬胸闊，內著
僧祇支，外穿雙領下垂式通
肩袈裟，衣飾貼體，露出胸
部呈大塊隆起的胸肌。左手
扶膝，右手已殘缺。尤爲引
人注目的是佛的雙腳雖覆蓋
在袈裟內，但腳的形狀、腳
心、腳背、腳指頭的塊面起
伏，均透過袈裟顯露出來，
具有很強的寫實性。身後的
背光邊緣雕火焰紋，圓形頭
光內雕七尊坐佛。整體造型
雄偉健壯，氣質非凡。座下
刻有銘文，有「李道禮造阿
彌陀佛……大唐開元十四
年」等字樣。

石　唐開元十四年（726年）
高155公分　山西省博物館藏

134

觀世音菩薩像

鎏金銅　盛唐（713-765年）
高34.8公分　美國哈佛大學福格美術館藏

盛唐時期菩薩造像的顯著特徵

此尊觀世音菩薩高寶髻，戴寶冠，冠前有小化佛，冠兩側的寶繒飄垂至腰部，頭略偏，腰微扭，立姿呈三段曲屈的「S」形站姿。臉型飽滿豐圓，彎眉曲目，項飾三道弧形褶紋，裸露上身，瓔珞垂胸，遮擋呈大塊弧形凸起的乳房。左手下垂執寶瓶，右手屈肘平肩，指姿微妙優美。胸腰、腹部的肉體極富女性般的豐厚柔韌之美，這正是盛唐時期菩薩造像顯著特徵。

具有輕靈翔動的風采

盛唐時期的菩薩造像和前代相比，最顯著的特徵是突出了曲線的運用和動勢的表現。這尊鎏金銅觀世音菩薩像，不但通過身姿的微傾，而且利用冠上寶繒和天衣的飄拂，使整個造像具有輕靈翔動的風采，這種作法，和繪畫上「吳帶當風」的風格很有關係。造像雖然不大，但是五官、身姿、手勢，以及服飾、裝身具都表現得細緻精巧，是一件不可多得的藝術珍品。

明王石造像

具有濃厚的密宗色彩

該像與三頭八臂的明王造像同出於陝
西省西安市東北郊唐安國寺遺址，爲
白玉石雕造。明王結跏趺坐於岩石
上，頭微左側，兩眼圓瞪，眼珠外
凸，面作忿怒相，頭髮整齊地向上分
捋，形成扇形。上身赤裸，頸戴項飾
垂掛胸前，胸部肌肉大塊隆起，蘊含
著一種欲待噴發的力量。右手上舉，
手持旋蓋，左臂屈肘外伸，手從腕部
殘損。披帛繞肩外飄，具有極強的動
感和裝飾趣味。從人物的造型和手中
所持法器看，這件明王造像應爲普賢
菩薩示現的步擲明王，具有濃厚的密
宗色彩。

普賢菩薩現身的步擲明王

在毗盧遮那佛的教令輪身中，普賢菩
薩所現的忿怒相是步擲明王，又稱步
擲金剛，爲八大明王之一。《大妙金
剛大甘露軍荼利焰鬘熾盛佛頂經》
曰：「普賢菩薩現作步擲金剛明王，
以右手把一旋蓋，左手把金剛杵，遍
身作虛空色，放火焰」。

白玉石　盛唐（713-765年）
陝西省博物館藏

菩薩殘石立像

石　盛唐（713-765年）
殘高112公分　山西省博物館藏

顯示充沛生命力的菩薩造像

盛唐時期菩薩立像的姿態，以多採取
S 形的三段屈曲式，和不避忌對人體
官能美的刻劃，形成了鮮明的時代風
格，造型比之前代的菩薩立像顯得生
動而優美。這尊菩薩立像雖然頭部和
兩臂皆殘，但仍保持著婀娜柔美的體
態，袒露的上身肌膚光潔細膩，呈大
塊弧形隆起的乳房和微微扭動的站
姿，顯示出女性的特徵。身軀的輪廓
線和結構的起伏、轉折，微妙動人，
天衣和長裙的褶襞，以及曹衣出水式
的褶紋順暢流利，具有輕軟柔薄的質
感，顯示出唐代匠人高超的雕刻技
巧。光潔細膩的肌膚和豐滿圓潤的軀
體，顯示出充沛的生命力，雖頭部和
雙臂已殘，但其完美的人體造型和高
超的雕刻技法，堪稱盛唐石雕菩薩像
的代表之作。

137

菩薩石像

與印度不同的審美趣味

這尊石雕菩薩像於一九五四年在太原市南郊華塔寺出土，爲石灰岩雕造。菩薩頭綰高髻，面相豐滿圓潤，兩耳垂肩，鼻高且直，直通前庭。高挑的細眉給豐滿的臉頰增添了幾分秀麗，雙眼微眸，目視前方。上身裸露，披帛從左肩緊貼左胯自然垂下，項飾三道弧形褶紋，胸、腰、腹部的肌肉富有女性般的豐滿柔和之美，但胸部肌肉呈大塊的弧形隆起，有豐厚柔韌之美，這正是中國佛教造像同印度佛教造像在審美趣味上的巨大不同之處。菩薩下著長裙及地，裙腰向外翻折，形成帷幔式裝飾，緊貼雙腿的衣紋具有「曹衣出水」式特徵。

「東方維娜斯」

這尊菩薩造像，以其健美的身材形成柔和放鬆的「S」形站姿，顯示著女性的善良和美麗。造型優美，雕刻細膩，將印度凸出人體性感的雕刻風格同中國固有的傳統審美情趣完美地結合，使這尊殘缺雙手的菩薩造像，獲得了「東方維娜斯」的美稱，實爲難得的盛唐時期佛教造像藝術精品。

石灰岩　唐（618-907年）
高57公分　山西省博物館藏

鎏金銅天王像

威武勇猛的天王形象

天王頭戴寶盔，身穿甲冑，凸鼻暴眼，兩道濃眉高高挑起，齜牙咧嘴，面目猙獰，貼身的胡服緊裹肢體，左手撫脾，右臂屈肘上舉，緊握的拳頭蘊蓄著無盡的力量。右腳踏在夜叉頭頂，左腳踏在夜叉肩上，呈弓步站立，重心落在左腿上，姿態優美，威武勇猛。束腰的長巾瀟灑飄落，給這尊威嚴可怖、力懾四方的護法神增添了幾分活潑和動感，同時在這裡也起了平衡的作用。夜叉呈蹲坐狀，一手扶膝，一手抱著天王的左腳，肌肉豐滿健壯，怒目圓睜，似從大地湧出托起大王，給其無限神力。

鎏金銅　唐（618-907年）
高12.8公分　北京故宮博物院藏

四大天王

天王是護持佛法的護法神，主要有居於須彌山半山腰上的四大天王，即南方增長天王、東方持國天王、西方廣目天王和北方多聞天王。其中多聞天王梵名毗沙門，即是護法天王，兼施佛之神性。傳說毗沙門天王能隨軍護法，唐後期更有毗沙門天王父子救安西被困唐軍之說，所以唐代後期各地造有大量的毗沙門天王像。

139

十一面觀音像

亭亭玉立的觀音石像

這是一件雕刻精美的佛教密宗造像，原爲中國內地雕造，後流傳至美國。像爲青灰色石灰岩雕成，在較淺的尖拱形龕內，高浮雕十一面觀音造像，菩薩跣足立在束腰仰覆蓮座上，仰覆的蓮瓣飽滿渾厚。在高高攏起的髮髻上，分三層雕刻十個觀音頭像。觀音像面相豐圓，雙眉細長呈弧形，兩眼下視，鼻樑挺直方正，雙唇豐滿厚實，表情恬靜安然。雙耳向下拉長，符合佛教「雙耳垂肩」的要求，整個面部呈現出豐腴而富有彈性。頸飾三道弧形褶紋，裸露上身，披巾斜掛右肩，瓔珞垂於胸前，臂戴釧環，帔帛繞肘飄灑而下，左臂下垂，手握帛帶，右手屈肘上舉執一花朵。簡明的裝飾，使菩薩胸、腰、腹部的肉體富有女性般的豐滿柔和之美，但雙乳只是呈大塊的弧形隆起，還沒有完全像成熟女性似的高聳凸出。這種處理方法，既避免了印度石雕和壁畫中突出人物的乳房和臀部曲線的性感，又不失造像人體豐厚柔韌之美。值得一提的是菩薩緊裹雙腿薄如蟬翼的長裙，裙腰束縛處顯出波浪紋花邊，胯間圍紮一條較寬的綢帶，帶頭在兩腿間打結，形成帷幔式裝飾。弧形下垂式裙褶顯然是盛唐時期流行的「曹衣出水」式做法。上身短下身長的人體造型，使豐腴健壯的身軀也顯得亭亭玉立，給人以完美的藝術享受，是一件不可多得的唐代石雕藝術品。

石　唐（618-907年）　高100.8公分
寬31.7公分　美國菲利亞美術館藏

（局部）

「曹衣出水」也運用於鑄像

曹衣出水，是指北朝齊曹仲達畫佛像，筆法稠密重疊，衣服緊窄，緊貼身軀，衣紋呈U形下垂，有剛從水中出來的韻味，後人因稱這種衣紋的表現手法謂「曹衣出水」。成爲中國繪畫的一種術語和表現形式流派。這種著名的描法，也流行於古代的雕塑和鑄像。

密　宗

密宗是印度密教傳到中國後形成的佛教宗派。西元六、七世紀，佛教在印度進入衰頽期，印度教逐漸取得優勢。因而佛教開始吸收印度教和民間信仰中禳災、祈福、崇祀眾神等世俗宗教觀念，逐步走向密教化。唐玄宗開元年間，天竺僧人善無畏、金剛智、不空等相繼來到長安，傳來印度正純密教並形成密宗。密宗傳入西藏後，與原有苯教相結合，形成藏傳佛教體系。密宗以高度組織化的咒術、壇場、儀軌和各種神格信仰爲特徵，主張修「三密」，即手結契印（身密）、口誦眞言（語密）、心作觀想（意密）。三密相應，即可成佛。

141

鎏金銅力士像

雄勁爆發的剎那間造型

該像於一九六九年在河北定州城內靜
志寺塔基出土。力士頭戴寶冠，寶繒
一條垂旋於肩部，一條上揚至頂端。
頭扭向右側，凸鼻暴眼，橫眉怒目，
表情威嚴凶猛。頸脖短粗，肩胸健壯
寬闊，袒露的上身，肌肉隆起，雄健
有力。腰繫短裙，露出勁健的下肢。
天衣鼓蕩飄拂，顯出力士那雄勁爆發
的一剎那間的動感。雙肩聳起，左手
屈肘平肩，五指叉開，右手向下，手
執金剛杵，右腿稍前，左腿直立，立
姿挺拔矯健。在造型上，姿態雄健，
肌肉起伏，好像有一種雄厚的力量要
從體內爆發出來，將驅魔降邪的勇猛
氣質表現得淋漓盡致。這件力士造像
可謂是唐代鎏金銅鑄像中無與倫比的
傑作，處處顯示出作者高妙的創意和
精湛的技藝。

鎏金銅　盛唐（713-765年）
高15.2公分　河北定州博物館藏

木雕菩薩像

木質施彩　盛唐（713-765年）
通高89公分　遼寧旅順博物館藏

豐肌秀骨的菩薩造像

菩薩赤足站立於束腰仰覆蓮座上，站姿雖無初唐那種「S」形人體造型的明顯特徵，但仍顯柔和及放鬆，收斂而文靜。素潔淨艷的面部與豐腴瑩潔的裸臂顯露出養尊處優的貴婦氣派。特別是自然下垂，手提香袋的纖纖手指，動態豐富而具有彈性，具有明顯的盛唐時期「豐肌秀骨」的特點，反映了雕塑家非凡的寫實能力。原像雕成後通身施彩，現雖已大部分脫落，然其精細的雕刻、完美的造型，以及上好的木質，使這尊木雕菩薩像仍不失其珍貴的藝術價值。

女性化的菩薩像

菩薩像一般是頭戴寶冠，飾耳鐶、項鏈、瓔珞、臂釧、手鐲、腳釧，身著長裙，腰間繫帶，肩披帔帛，慈眉善目，神態安祥，姿容典麗的女性形象。早期的菩薩像多為濃眉大眼、長著鬍鬚的男像，自唐代開始，菩薩的形象逐漸由男像變成女像。通過形象塑造，來表現人間的情趣，人間的享樂，人間的欲念，洋溢著一種凡人的氣息。這種女性化的菩薩，迎合了當時某些世俗欣賞要求，其目的是「取悅於眾目」，反映了佛教造像人間化、世俗化的趨向；同時女性富於慈愛、溫柔、善良、同情之心，更切合菩薩的大慈大悲、救苦救難的性格特點。這種由男而女的演變，標誌著佛教造像已完全中國化了。

143

明王石像

三頭八臂的明王造像

這尊明王石雕像係一九五九年陝西省西安市安國寺出土，為白玉石雕成。明王三頭八臂，高聳的髮髻正前方飾一化佛。兩眼圓瞪，眼珠外凸，雙唇緊閉，面相忿怒，上身裸露，頸戴項飾，珠串瓔珞披掛胸前下垂於座，帔帛繞肩順兩側飄下垂於岩座之兩側。下身著裙，兩腿遊戲坐在岩石上。那裸露豐滿圓潤手臂的手中持有法器，正面兩臂屈肘平於胸前，兩臂交叉，小指相互勾結，施金剛印；右上臂高舉，手握金剛杵，右中臂屈肘，手持寶劍，右下臂外伸，持一箭；左上臂高舉，手握三叉戟，左中手已殘，不知持何法器，左下臂外伸，手持羂索。整個造型給人一種深不可測的神秘感。

不同形象的明王造型

明王是密宗特有的造像題材，據稱是佛、菩薩的忿怒相。一般是多面多臂，手持法物的忿怒形象。有十大明王、八大明王之說，如八大菩薩現八大明王像：金剛手菩薩現降三世明王，妙吉祥（文殊）菩薩現大威德明王，觀自在（觀世音）菩薩現馬頭明王，虛空藏菩薩現大笑明王，慈氏（彌勒）菩薩現大輪明王，地藏菩薩現無能勝明王，除蓋障菩薩現不動明王，普賢菩薩現步擲明王。這些菩薩是毗盧遮那佛的正法輪身，忿怒相的明王是毗盧遮那佛的教令輪身。也有

白玉石　盛唐（713-765年）
高88公分　寬48公分
陝西省博物館藏

非忿怒相的明王，如一面四臂騎孔雀
的孔雀明王，是毗盧遮那佛的等流
身。

安國寺窖藏密宗造像

安國寺建於唐睿宗景雲元年（七一〇
年），位於唐長安城東北隅的長樂
坊，原爲睿宗李旦居藩時代的宅第，
後施捨建寺。寺內造像應出自當代名
工之手。一九五九年在其舊址出土白
石雕像共十件，堆疊在一個深埋地下
十多公尺的窖穴中，大半已殘缺不
全，很可能是唐武宗會昌毀佛時棄置
埋藏的。這十件白石雕像，不僅雕工
精美，而且貼金畫彩，表現了盛唐時
代雕刻光華、絢麗的藝術特點。從其
中的兩件三頭八臂的神王和著菩薩裝
的坐佛，可以看出這是一批屬於密宗
的造像。

（局部）

145

天王石像

（局部）

一身戎裝的天王造像

該像於一九七四年陝西省西安市西關王家巷出土。天王頭戴戰盔，盔頂插著孔雀羽毛，濃眉怒目，兩腮肌肉隆起，顯出凸起的顴骨，碩大的鼻頭敦厚飽滿，雙唇閉合，表情激昂，表現出一種英勇無畏的氣概。身披戰袍，上身穿折邊式的鎧甲，下著戰裙，腿裏護膝，腳穿平底草履，一副唐代武將裝束。肥壯的上身雖顯臃腫，倒也蘊含著一種強大的力量；短粗的下肢，雖與上身有不協調的感覺，但那飄動的戰袍和帔帛襯托出雙腿的結實和穩重。特別是腳下踏踩著的兩個面目猙獰的夜叉，使這尊護法天王顯得更加威武勇猛。從形象、裝束、服飾看，與其說這尊天王是佛界裡被理想化了的佛法的護持者，倒不如說他是唐代戍守邊關、征戰疆場、守護國土的唐代將軍的形象，反映了古代雕塑家們對藝術的充分理解和對生活的觀察仔細。雖然造像雙手已殘損，其細膩的雕刻和完整的服飾裝束，仍不失為一件完美的藝術品。

石　唐（618-907年）
高56公分　陝西省博物館藏

密宗如來佛坐像

雕工精製的如來佛石雕像

如來佛坐像爲白玉石雕成，是一九五九年陝西省西安市安國寺密宗造像窖藏中出土的、保存最完整的一件坐佛像。佛完全作菩薩裝扮，結跏趺坐於圓形蓮瓣式須彌座上，除坐式之外，絕少次佛的儀容呈現，在密宗造像中，只有如來佛是以菩薩裝出現的。在雕刻造型和表現手法上，都達到了卓越的水平。不僅表現在體態豐腴、神秘微笑的菩薩形象上，從頭飾、衣飾、腰彩、衣帶、蓮座，尤其是下垂在蓮台兩側的衣帶，都使人感到交織在和諧流暢的花簇錦絮中。

另外，精巧的束腰蓮座，也給這尊精美的雕刻增加了藝術造型上的特色。其雕工的精緻，是可以與主體雕像相媲美。台座的最上一層雕成一朵瑰麗的大蓮花，蓮瓣表面飾以晶瑩的璧璫；蓮座之下是蓮莖所在，雕刻者爲了使蓮莖有所依附，特意雕出象徵水波的捲雲，並以海石榴作爲陪襯，形成一個富有變化的完整佛座。整體連同主像總高七十五公分，這樣小型而雕刻精巧的石雕像，也只有出現在工藝高度發展的唐代，而且也只有宮廷才能羅致到這類手藝高超的雕塑匠師，來完成這一精緻且難度很大的宗教雕刻工程。

與此像同時出土的還有兩件三頭八臂的神王，三件趺坐岩石的護法神，一件坐佛和兩件菩薩像。

白玉石　盛唐（713-765年）
高75公分　陝西省博物館藏

力士石像

展示強壯人體

此尊力士石雕像一九五五年於河南洛陽龍門石窟出土，石灰岩雕成。力士上身袒露，下束短裙，帔帶從右肩貼身飄下。髮髻高聳，碩大方正的頭顱，濃眉上豎，雙眼圓睜，牙關緊咬使雙腮肌肉隆起，情緒激昂。雙手握拳，一臂下垂，一臂屈肘上舉，胸大肌、肩胛肌和肱二頭肌等赫然鼓漲，一些平時隱沒的肌肉此時亦顯露出來，四肢凸筋暴骨，使整個人體充滿了欲待噴發的強勁之力。此像爲我們展示了盛唐雕塑家對強壯人體的認識，使我們感受到唐代雕塑家對人體解剖的深刻理解，和爲塑造性格、強化主題所做的理想化的努力。其細膩精湛的技巧和健康優美的造型，展現了大唐鼎盛時期蓬勃向上的時代精神。這尊動人的傑作，雖然是一千二百年前的作品，但是他生動的形象和深刻的歷史內蘊，仍使我們在欣賞時，心靈也爲之顫動。

石灰岩　唐（618-907年）
高137公分
河南洛陽龍門石窟研究所藏

釋迦牟尼佛立像

石灰岩　唐（618-907年）
高198公分
河南洛陽龍門石窟研究所藏

呈現貴族婦女形象

釋迦牟尼佛石立像一九八二年於河南洛陽龍門石窟出土，石灰岩雕成。佛跣足站立在仰蓮座上，頭飾波浪紋高肉髻，額上髮際和肉髻正前方飾三個渦輪狀右旋紋。面相飽滿豐潤，外形柔和。豐滿橢圓的臉龐，細長的彎眉，自然挺直的鼻樑和曲線柔美的鼻頭，微微內收的嘴角，使佛之頭部顯得高貴典雅。特別是微睜下視的雙目和那從嘴角流露出來的一絲微笑，慈祥而溫和，使整個雕像統一在一種寧靜、莊嚴而溫馨的意境中，呈現一副貴族婦女的典型形象。圓領袈裟總覆兩臂，衣褶自然下垂，形成流暢的U形衣紋，具有北齊曹仲達繪畫佛像「曹衣出水」的特徵，衣服緊窄，緊貼軀體，有剛從水中出來的韻味。整體造型典雅秀美，雕刻細膩，特別是面部表情的刻畫，將佛之慈祥、和善的性格表現得淋漓盡致。運用寫實手法，將佛冠以現實人物的特徵，那種神秘虛幻的神氣已蕩然無存，使人更易接近，這是佛教造像完全中國化的重要標誌。

如來佛坐像

更為寫實的如來佛造像

如來佛坐像一九五八年於河南洛陽市奉先寺址出土，石灰岩雕成。佛螺髮式髮髻，面相豐滿圓潤，大耳貼面，天庭飽滿。兩眼微睜下視，目光慈祥

安寧。飽滿的雙唇輕輕閉合，嘴角上翹，露出一絲微笑，表情恬靜安祥。頸飾三道蠶紋，通肩袈裟總覆兩臂，內著僧祇支，胸前束帶打結，手施說法印，結跏趺坐於束腰仰覆蓮座上，蓮瓣飽滿敦厚。從造像特徵看，比初唐佛像更為寫實，方圓的面型外形柔和，五官特徵完全是漢人形象，神情在莊嚴中又多了一分慈祥，給人更多的可親可敬之感。袒露的胸部特別凸出了胸大肌的起伏變化，自然下垂的衣紋也使雕像看起來更像現實生活中的真人。抬起作說法的右手手指雖然已殘，但其殘存的手掌和左手敦厚飽滿，關節的曲直變化把握得很好。特別是佛之雙腳雖裹在袈裟內，但腳的形狀、腳心、腳背，均透過袈裟顯露出來，具有明顯的盛唐時期造像風格。

石　唐（618-907年）
高101公分
河南洛陽龍門石窟研究所藏

彌勒佛像

大理石 唐（618-907年）
高145公分 河南博物院藏

雕刻手法多樣

彌勒佛像爲白色大理石雕成。彌勒佛倚坐在方形佛座上，足踏兩朵蓮花。頭飾右旋式髮髻，面相方圓，外形柔和，五官特徵完全是漢族人特徵。頭上三道蠶紋使造像更具裝飾效果。外著通肩式袈裟，衣褶垂至足部，內著僧祇支，胸前打結。袈裟褶紋的處理具有很強的寫實性，使那豐厚敦實的身軀表現出來，特別是肩、胸及腰部的轉折銜接柔和自然。雙手作說法印。這種倚坐式的佛像雖少了幾分神秘，卻讓人更易接近。佛座下的方形須彌台座，四角各有一夜叉承托，且在每方的中間雕一獸頭。在雕刻上改北朝時的直平刀法，採用向下凹入的新圓刀法來再現衣紋，使線條流暢。同時運用淺浮雕、高浮雕及透雕的表現手法，使造像獲得了較好的藝術效果，具有明顯的唐代造像藝術特徵。

　　成佛前的彌勒稱爲彌勒菩薩，其形象爲頭戴寶冠、交腳而坐的菩薩像。成佛後彌勒便穿上了佛裝，造像多爲佛裝倚坐式。這尊便是彌勒成佛後的形象。

彌 勒

彌勒，是梵文 Maitrcya 的音譯，意譯爲慈氏。彌勒是姓，名阿夷多。生於婆羅門家庭，後成爲釋迦的弟子，先於釋迦入滅上生兜率天宮，釋迦滅度後，彌勒將從天宮下生到人間，在華林園龍華樹下成佛。

觀世音菩薩像

風格絢麗洗練

這尊石雕觀世音菩薩像一九七六年三月在河南省滎陽縣城東二公里大海寺舊址出土，用石灰岩雕成。菩薩頭髮綰高髻，面相豐潤略長，高鼻直挺，細眉高挑，眼向下視，大耳貼面，雙唇輕輕閉合，嘴角內收，表情溫和慈善。頸戴項飾，上身赤袒，帔帛斜披，繞肘自然飄下。下身著裙，裙帶打結，下垂的裙褶緊貼雙腿，有「曹衣出水」之韻味。左臂從肘部殘損，右臂自然垂下，手握淨瓶，跣足站立在圓形束腰仰覆蓮座上，在蓮座正前方刻造像記一方。

觀音體魄魁偉，雖具有盛唐時期豐腴絢麗而又洗練的風格，但已失去初、盛唐時積極創造與追求完美的精神，格式化較重。站立姿式較為挺直，面部和其他顯露肉體的部位如頭、胸、手等，塊面轉折也較生硬，不像盛唐時期菩薩造像柔和自然而富於曲線美。但人體各部位的比例很適度，運用高度概括手法，把衣帶等繞在軀體上的襞紋表現得疏密勻稱，圓潤流暢。特別是那簇腰彩的花結，令人感到具有錦絮般的柔軟而富有質感，從而展示了雕塑家高超的技藝。

石灰岩　唐長慶元年（821年）
高230公分　河南博物院藏

觀世音菩薩贊文並序

夫以圓清上烈爲巨，蔭於生靈，菩薩
興慈濟漂沈於寰域，其有心稱念，尚
隨願而皆從，況乃琢石圖眞，據福禧
而寧等厥有像。張氏夫人容儀婉麗坤
德柔明，玉潔齊貞，蘭芳比馥，永家
訓子。悅六姻常以奉仙，歸眞素郭崇
信往。因寢寐夢睹觀世音，是知積有
征，感斯瑞應，乃命二子曰：「余欲
造觀世音之石雕像福祐全家，供永申
先正異益，汝能允之遂吾願否?」二
子郭公長曰「誼」，次曰「諒」□孝
行明著，務善於心，聞親命虔恭，各
歡情而從旨，乃求貞石，召良工，雕
鏤斯儀，累日功就。及乃金粉間飾，
五色分輝，妙相奇□，光流月彩。既
終弘願，永奉香花，兼命其文申乎厥
志乃爲贊曰：菩薩端嚴妙相奇，能於
苦海作歸依。濟物不辭經六越，名號
因稱爲大悲。夫人□珪情無價，二子
虔恭意不辭。異沐恩光常吉慶，天長
地久福乃資。時大唐長慶元□□六
月二十八日記。

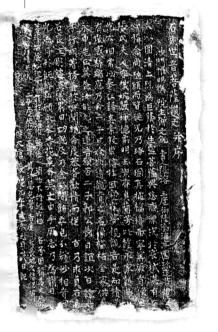

蓮座正前方之造像記拓本

153

木雕菩薩像

完全女性化的菩薩造像

菩薩頭飾蓮花寶冠，寶繒垂肩。面相圓潤秀雅，圓圓的臉龐細潤滑嫩，兩顆明亮的大眼下視著前方，兩道彎彎的細眉給這豐腴圓潤的臉蛋增添幾分秀雅之美。鼻樑高挺且直，鼻翼較寬，嘴小唇薄，欲動的雙唇，似在向眾生欲說什麼，表情恬靜自然，在端莊肅穆中蘊含著慈善的笑容，恰似唐代美麗的宮女形象。袒裸的上身，露出豐美的胸部，這是大唐帝國的繁榮和開放，以及對外來文化的容納在藝術形式上的反映。此時的菩薩造像已完全女性化了，她既符合菩薩那慈善的宗教要求，又迎合了當時人們的審美情趣。因此，菩薩女性化已成為人們心目中的完美形象。服飾簡練，肢體突出，項佩珠串瓔珞，一條長巾斜披左肩在胸前打結，較寬的巾帶將兩乳半遮半露。帔帛繞肩下垂橫貫兩腿。臂帶釧環，左臂自然下垂，手指輕拈帛帶，右臂屈肘上舉，拇指與中指相捏為環，姿勢優美俊雅。下身的長裙緊貼兩腿，顯出輕柔的絲綢質感。整個造型既有娉婷婀娜的世俗女性特點，又具莊嚴肅穆的宗教感情。

此像雖係木雕，但通身不見刀痕，木雕成型後通身施彩，因年代久遠，顏色已脫落殆盡，但仍不失整體丰采，是一件罕見的唐代木雕藝術品。

木　中唐（766-820年）
通高96.8公分　遼寧旅順博物館藏

力士殘像

石灰岩　唐（618-907年）
殘高89公分　四川省博物館藏

行進中的力士石雕像

這尊雕刻精美的力士造像，於一九五四年四川成都萬佛寺遺址出土，為石灰岩質。力士的頭部、左臂、左手及左腳腕部以下均已殘失。上身裸，闊肩細腰，胸、腹、臀部的肌肉隆起，體塊分明，結實飽滿，雖有些誇張，但符合人體解剖比例，用人體語言述說人的驃悍勇猛。頸戴項圈，有五個小飾物垂掛胸前。下身著裙，密集的裙褶線式勁直，向左側飄拂，天衣已殘斷，看得出原從左肩纏身垂掛，至腰間向下縮兩周披於腰際，一條寬大的綬帶從腰際經兩腿間直垂及地。兩條剛健有力的下肢作邁步挺立的姿態，特別是那甩動的手臂和右腳，可以看到緊張的肌腱，整個造型刻畫得精緻而具整體感，使人體充滿強勁的生命力和威武剛猛的氣勢。其細膩、精湛的技巧和健康優美的造型，展現了大唐帝國蓬勃向上的時代精神。

萬佛寺佛像窖藏

萬佛寺創建年代不詳，遺址中曾出土梁中大通元年（五二九年）造像，可知此寺在南朝前期早已存在，明末毀於兵火。從清光緒壬午年（一八八二年）開始至西元一九五四年，陸續在此遺址出土了數百件石造像，這尊力士像就為其中之一。雖然頭部已殘，看不到他那威武勇猛的表情，但其完美的人體造型和精妙的雕刻技法，仍可稱為唐代至善至美的石雕藝術品。

155

阿彌陀佛夾紵漆像

等身坐式

此像爲等身坐式，神態似進入禪定觀想的狀態。身穿右袒式袈裟，衣褶線條流暢簡練。雙手自腕部以下殘失，從其姿態看，原來應爲施禪定印，整體造型具有典型的唐代風格。

夾紵漆像

夾紵漆像在造像工藝上不同於泥塑、木雕、石刻、銅鑄等等。它先用泥、沙等作成原胎，然後再用麻（布）、絲、棕等裱裏縛纏，再行塗漆，如此經過多次反覆後，繼之彩繪描金，並且脫去原胎。所以又叫「脫胎漆像」、「脫空像」或「行像」。此種造像具有厚實、穩重、豐滿的特色，重量輕，造型美，色澤鮮，耐酸耐鹼，防腐防潮，結實堅固，經久不壞等特點。這一造像技術約始於東晉時期，據載東晉著名雕塑家、畫家戴逵，曾於招隱寺作「夾紵行像」五尊，當時人們把這五尊造像和獅子國（今斯里蘭卡）所進玉佛，以及顧愷之所作維摩詰像並稱爲「三絕」。到了唐代，「夾紵漆像」工藝臻於高度成熟，且特盛於京、洛一帶。之後，我國的夾紵乾漆工藝又傳到了日本，當時，鑒眞和尚的弟子們，即用這種工藝設計製造了鑒眞大和尚的坐像，並一直保存到今天，它被日本列爲「國寶」，譽滿全球。

夾紵漆　唐（618-907年）
高96.5公分
美國紐約大都會美術館藏

天王菩薩像

石灰岩　唐長慶元年（821年）
通高230公分　河南博物院藏

蓮寶下部的發願文拓本

整塊岩石雕成的菩薩

此像用整塊石灰岩石雕成。菩薩上身斜披帔帛繞肩下垂橫貫雙腿，自然下垂的右手輕輕將帛帶勾起，自肘部斷缺的左臂留下兩個曾爲修補所用的圓孔，下身長裙及地，寬厚的腰帶緊束。腳著草履，直立於圓形束腰仰覆蓮座上。堪稱唐代中晚期石雕菩薩上乘之作。在蓮座正面下部鐫刻發願文一方：比丘玄政裝成天王菩薩一軀，爲國界安寧，皇王萬臨，過往師僧、父母、神生淨土。又願自身康吉，小師門徒並願平安，無諸災障，永爲供養。侄僧智實、院主僧文銳。長慶元年五月七日記，呂正書。

大海寺窖藏佛像

一九七六年三月，河南省鄭州市文物部門在滎陽市東二公里大海寺遺址發掘出一處大型佛教石刻窖藏，出土北魏至唐代石雕造像四十二件，其中菩薩造像十八尊，均爲圓雕立像，造型高大，有六尊保存完好，此天王菩薩像爲其中之一。這批造像恐爲唐武宗會昌年間滅佛時所埋。

觀世音菩薩像

罕見的捧真身觀世音菩薩

這是一尊專爲供奉佛指舍利而製作的
鎏金銀觀世音菩薩造像，一九八七年
在陝西省扶風縣法門寺地宮出土，是
法門寺地宮內最引人注目的供養器之
一，爲唐代高僧澄依在唐懿宗三十九
歲生日時供奉佛陀而造。

　　菩薩頭戴寶冠，冠前飾一化佛，兩
側寶繒飄落至肩。高聳的寶冠綴滿珍
珠，十分華麗。上身裸露，下著長
裙，珍珠瓔珞披掛全身，富麗豪華。
雙手捧著置有發願文區牌的荷葉形托
盤，左腿屈蹲，右腿跪於圓形束腰仰
覆蓮座上，法像莊嚴。像座飾仰蓮四
層，每層八瓣，上兩層中每瓣內各有
一伎樂天人或菩薩，覆蓮上或刻一梵
文，或鏨刻多頭多臂明王形象八尊，
像座的束腰部分刻四大天王。綜觀全
像，菩薩與像座雕刻構成一個完整的
曼荼羅。

　　在菩薩手捧的發願文區牌上鏨刻
著：「奉爲睿文英武明德至仁大聖廣
孝皇帝，敬造捧眞身菩薩永爲供養。
優願聖壽萬春，聖枝萬葉，八方來
服，四海無波。咸通十二年辛卯歲十
一月十四日皇帝延慶日記。」將舍利
迎入宮內，即置於菩薩雙手捧著的荷
葉盤內，以供帝后嬪妃們膜拜，所以
稱此爲「捧眞身菩薩」。它是唐代最
隆盛的崇佛產物，也是迄今發現的唯
一一件有皇帝名號的文物，因此堪稱
國寶。

鎏金銀　唐咸通十二年（871年）
高38.5公分　重1926公克
陝西省法門寺博物館藏

法門寺地宮出土的器皿

法門寺地宮出土的珍貴文物

法門寺是我國著名的古刹之一，位於陝西省扶風縣城以北約十公里的法門鎮。寺塔於一九八一年傾圮。一九八七年發現了唐代塔基下的地宮，這裡竟是一座唐代文化的寶庫，出土四枚罕見的佛指舍利，成為佛教界的一樁盛事。為祈求懿宗「聖壽萬春」並供其迎奉佛骨而特製的鎏金銀捧真身菩薩，是一件皇家禮佛的稀世珍奇。出土的金銀器達一百二十一件（組），這些金銀器皿，是了解唐室貴族生活和社會風貌的珍品。除此之外，還出土各類珠寶、玉器、琥珀、玳瑁等四百多件，名貴的中外玻璃製品二十多件；高級絲織品，包括武則天供獻的繡裙、唐懿宗供獻的金絲袈裟等七百多件。特別的是，中國瓷器之謎一字線秘色瓷，終由地宮出土了十六件而得以解開，使我們得瞻其「奪得千峰翠色來」的神妙。這些珍奇異寶，對研究唐代金銀器製造及組織、紡織品織造、晚唐衡制以及唐代社會生活史、宗教史、對外貿易史、瓷器史等，提供了極其珍貴的實物資料。

法門寺地宮出土的金銀器

宋、遼、金時期

　　佛教造像藝術到了宋代，已經走向衰落階段。由於受宋代理學的影響，宣揚佛家的禪觀思想，同時也宣揚儒家的忠孝仁義思想，使造像成爲儒佛揉合的產物。

　　技法上普遍略遜於唐，但泥塑和木雕也往往有出類拔萃者。由於此時銅較缺乏，所以其他質地如石雕、鐵、木、陶瓷、漆、磚等像都有製作，特別是瓷雕佛像在此時較爲流行。這也是宋代佛教造像較爲獨特的現象。宋代佛的面相豐圓，方頤突出，佛像多爲螺髻，造型沒有任何創新。菩薩造像煩頤豐適宜，比例勻稱，全身衣帶褶紋，流暢有致，顯示出莊重秀美的不同姿態。羅漢造像是宋代佛教造像中更爲優異的製作，雖然體積不大，但都千姿百態，形神各殊，富有濃厚的樸實的生活氣息。另外，在宋代開始出現了「大肚彌勒佛」造像。大肚彌勒佛又稱布袋和尚，有人說爲彌勒菩薩化身，造型富戲劇性和世俗化的成分。這種無拘束的自由形態的出現，與宋代佛教造像進一步傾向於世俗化有著很大關係。

　　在造像技法上，宋代的藝術匠師們能夠運用最熟練的表現手法，來表現凸凹轉折的衣紋，圓潤細緻，流暢逼真，比唐代有顯著的提高。特別是菩薩和羅漢像的服飾，不僅運用藻繪表現衣服的色彩，又能以「疊暈堆金」的手法，表現出自晚唐以來衣服邊飾的紋樣。

　　遼、金兩代的佛教造像，直接因襲或繼承了中原的文化藝術傳統，無論是佛、菩薩還是羅漢，都是在唐末的造像基礎上發展而來的。其造像的格式和風格雖然與宋代造像無甚區別，但在藝術造型上，所有的造像多是容貌豐滿，衣飾飄帶流暢自然。特別是佛菩薩姿容凝重秀美，體態豐腴，比例勻稱。至於金代的佛教造像，從總體造型上說，它承襲了宋代以至遼代風格，但明顯缺乏神韻。這也是宋代後期及其以後佛教造像的總特徵。

阿難石像

表情安寧沈靜

阿難石雕像為石灰岩雕成。方圓豐滿的臉龐，一雙大耳緊貼兩側，飽滿的額頭蘊含著無窮的智慧和驚人的記憶力，高挺的鼻樑直通前庭，兩隻眼睛閃出智慧的神光，豐厚的嘴唇緊閉，

表情安寧沈靜。寬大的通肩大衣緊裹豐滿肥壯的軀體，衣褶線條屈曲自由，凸起的衣紋使服飾具有較強的質感。人物右手覆握左手，左手持一串念珠，拇指和食指掐住珠粒好像在悄悄誦經。他恭敬地站立著，表現出對佛陀十分虔誠的神態。

年輕可愛的阿難造像

阿難在佛教造像中，與迦葉在釋迦說法時侍立於左右，形象為一年輕英俊的小和尚，善相可愛。這尊阿難雕像就是宋代漢族青年和尚的真實再現。

石灰岩　宋（960-1279年）
通高157公分　上海博物館藏

阿　難

阿難，釋迦牟尼的叔父斛飯王之子，即其堂弟。在釋迦牟尼回鄉時跟從出家，侍佛二十五年，為佛的十大弟子中最年輕者，有很強的記憶力，稱為「多聞第一」。傳說佛教在第一次集結時，由他誦經。

迦葉石像

石 宋（960-1279年）
通高175公分　上海博物館藏

世俗化的迦葉造像

佛教造像發展到宋代已完全世俗化了，造像更注重於世俗的形體美，多以現實中的人物爲模型，風格上一改過去的程式化而變得更爲活潑。這尊佛弟子迦葉造像便是佛教造像世俗化的典型代表。形如真人般大小的人體，通肩裹體的僧衣和那虔誠恭敬的表情，無一點佛界的神秘感，只有那飽滿圓渾的頭頂，方正渾厚的額頭，直挺的高鼻和睿智的雙眼，尚能看出迦葉老成超人的智慧。

迦葉與釋迦牟尼佛的另一弟子阿難常侍佛之左右，其像常雕塑在釋迦說法像左側，形象爲年老者像。

迦葉

迦葉亦稱迦葉波、迦攝波、大迦葉等，意爲「飲光」，古印度摩揭陀國王舍城人，屬婆羅門種姓。傳說爲佛教第一次結集的召集人，爲佛的十大弟子中年齡最長者。少欲知足，常修頭陀行，故稱「頭陀第一」。

降龍羅漢

域外僧人形象

降龍羅漢，一九八○年於陝西省富縣
博山寺遺址出土，爲黃沙岩雕成。羅
漢光頭大耳，面相稍長，鼻頭寬大，
雙眉緊皺，兩眼斜視下方，顯出睨視
一切的姿態。身穿寬大的交領大衣，
遊戲坐於方形座上，衣紋簡潔洗練，
鋒棱分明，顯出衣服的厚重質感。從
其放在右腿上的右手看，身軀較爲瘦
削，恰似遠道而來的印度僧人形象。
在羅漢座前平面浮雕一條騰空而起的
蒼龍，在向羅漢俯首聽馴，已無古代
神話中龍吞雲吐霧、遨遊於海天之間
的傲然神氣，儼然被羅漢降服之態。

黃沙岩　北宋（960-1127年）
高38公分　陝西省博物館藏

十八羅漢

羅漢是小乘佛教修行的最高果位。
玄奘譯《法住記》，曾有釋迦牟尼
令十六個大阿羅漢常住人間，濟度
眾生之說，即所謂「十六應眞」。
後來人們又增添「降龍」、「伏虎」
羅漢以顯示羅漢之威力，由此擴大
了羅漢題材之範圍，通常稱之謂
「十八羅漢」。

伏虎羅漢

黃沙岩雕成的伏虎羅漢

伏虎羅漢一九八○年於陝西省富縣博山寺遺址出土，爲黃沙岩雕成。羅漢面相豐潤適中，大耳貼面，神情自若，身穿交領大衣，衣紋簡潔明快，稜角分明，兩手相握，盤腿而坐。一隻猛虎蹲坐其旁，仰首翹望，溫柔順從，似聽羅漢在對它的馴服。形象生動，神情活現，服裝衣紋貼體利落，體格肌肉比例合適，顯示了宋代雕塑匠師的卓越技巧。

黃沙岩　北宋（960-1127年）
高38公分　陝西省博物館藏

羅漢的類別與形異的相貌

羅漢是佛教造像的主要題材之一，在造像中通常是佛的侍從或承宣佛法者。形象仿照現實中的僧人特點爲主，以印度僧人形象爲多。光頭，無肉髻，身披袈裟或大領僧衣，著鞋。相貌有老有少，有美有醜，有誇張，有寫實，意在溝通佛教教義與世俗信奉者之間的感情。常見的羅漢有十六羅漢、十八羅漢及五百羅漢等。

金背光銀菩薩像

白銀鑄造的菩薩造像

此像於一九七八年在雲南省大理寺崇
聖寺塔出土，爲白銀鑄造。頭戴寶
冠，寶繒下垂順兩肩飄下。面相豐
潤，兩隻略顯橫長的大眼微睜下視，
鼻翼較寬，高挺的鼻樑直通前庭，彎
彎的細眉連接兩鬢，額際正中嵌一白
毫，飽滿的嘴唇輕閉，表情恬靜沈
著，慈祥的神態中蘊含莊嚴。胸掛珠
串瓔珞深垂過膝，帔帛繞肩貼身垂下
橫貫兩腿，然後拋上兩肘，繼而繞肘
飄灑及地，在兩腿前形成寬大的「U」
形裝飾。這種菩薩裝飾仍然保持著隋
唐時期的特徵，華麗而不奢侈，自然
而無流俗。束腰的長裙下擺及地，裙

（局部）

白銀 宋（960-1279年）
高30.6公分 雲南省博物館藏

褶線條自然流暢。左手托蓮瓣式缽，
右手持花枝，跣足站立。這尊菩薩的
桃形背光系用黃金製作，背光上捶揲
出的火焰紋，愈顯金光閃爍，更給這
尊本已製作精細，銀光閃閃的菩薩增
添了幾分耀眼的光輝，成爲北宋時期
大理國佛教造像中不可多見的珍品。

崇聖寺三塔和金背光銀菩薩像

（斜側面局部）

在雲南大理城西北的蒼山之麓，洱海之濱，鼎足矗立著三座氣勢雄偉的磚塔，這就是著名的崇聖寺三塔。大塔方形、中空，名千尋塔，建於南詔保和時期（八二四-八三九年），形狀與西安小雁塔相似。高六十九點一三公尺，爲密簷式建築，共十六層，每層正面中央開券龕，內置白色大理石佛像一尊。南北兩小塔實心，八角形，均高四十二點一九公尺。各十層，各層分別雕券龕、佛像、蓮花等，華貴莊重，建於五代時期。一九七八年當地政府對三塔進行了大規模維修，這尊金背光銀菩薩像就是在這次維修過程中出土的。

鎏金銅菩薩像

受禮教影響的裝束

菩薩頭戴花冠，兩道彎彎的細眉連接鼻樑，給豐圓的臉龐增添幾分秀麗。飽滿的雙唇微啓，嘴角內收，面帶慈祥的微笑，表情恬靜自然，頸飾三道蠶紋。上身外穿寬袖通肩大衣，內穿短襦，領口呈荷葉形，項掛蓮花珠串項鏈，每朵蓮花下綴一寶瓶式裝飾物。下身長裙及地，下擺覆蓋著雲頭大履。腰束帶，腹前懸掛蓮花珠串，一條綬帶自束腰處順兩腿間下垂，在兩膝間繞一圓環，直垂於地。兩條下垂的襟帶橫貫兩腿拋，向左右手腕，形成U形裝飾，然後飄落及地。菩薩兩手屈肘平起，右手手掌向前，手指向下，左手手掌向下，手指捏在一起，寬敞的衣袖內現出兩層窄小的袖口。這種裝束一改唐代菩薩性感裝束的風格，顯受宋代「禮學」的影響，菩薩那人人崇敬的神秘色彩已不存在，其形象完全是宋代貴婦模樣，說明佛教發展到宋代已完全世俗化了。這尊菩薩造像表面光滑，金光閃閃具有強烈的質感，服飾較隋唐以來更趨於繁華富麗。在性格的刻畫上細緻入微，顯得富有深度，使之成爲不可多得的藝術珍品。

鎏金銅　宋（960-1279年）
通高33公分　上海博物館藏

釋迦牟尼佛龕像

俯視下方的釋迦造像

釋迦牟尼佛龕像原為某塔上的建築構件，石灰岩雕成。在圓拱形龕內，釋迦牟尼佛結跏趺坐，手施觸地印。螺髻高聳，面相豐滿圓潤，鼻翼輪廓清秀，額間施毫相，雙眼微睜俯視下方。飽滿的雙唇輕輕閉合，嘴角內收，表情在莊嚴中蘊含著和善可親。身著雙領下垂式通肩大衣，胸部袒露。下身束裙，衣紋簡練。注重面部形象表現，不具細部加工，雕刻稚拙，反映了宋代佛教造像在世俗化的同時開始走向下坡路，呈現出頹廢的趨勢。

髻珠的來源

唐末五代間，佛像高肉髻中開始刻出「髻珠」。南宋志盤《佛祖統記》卷四十二載：後晉天福四年（九三九年），杭州天竺山沙門道翌獲奇木，造了一尊觀音大士像，有沙門從勛自洛陽持古佛舍利歸杭州，置於白毫相中。其後，舍利常見於佛像頂端肉髻之中，白光煥發，大著靈感。這就是佛像造出「髻珠」的來源。各類佛像中造「髻珠」的，以四川大足石窟五十一號龕的三世佛為最早，其時間在唐末或五代。到宋、遼、金時代，佛像有「髻珠」已較普遍；元、明時更進一步將「陽珠」置於高肉髻的頂部，顯得很突出。

石灰岩　北宋（960-1127年）
高40公分　寬25公分
河南博物院藏

潮州窯白釉釋迦像

造型優雅的釋迦牟尼造像與題紀

此像於一九二二年在廣東省潮州市羊皮崗出土，係北宋時期著名的潮州窯系作品。高高的黑色髮髻正前方，鑲嵌一顆黃色髻珠，眉間飾有毫相，兩道彎如S形的鬍鬚緊貼嘴角，氣度非凡。整個人物造型優雅，人物面部刻畫細膩，顯示出純熟的雕塑技巧。方座四面刻有題記：潮州水東中窯甲弟子劉扶同妻陳氏十五娘，發心塑釋迦牟尼佛，永充供養，爲父劉用、母李二十娘，闔家男女乞保平安。治平四年丁未歲九月三十日題。匠人周明。

潮州窯瓷的工藝及其特點

潮州窯歷史悠久，自宋代以來即爲外銷瓷器的重要產地。潮州水東窯址在潮州市郊外韓水之東筆架山麓，分布範圍較廣。北宋在歷史上被譽爲製瓷業的「黃金時代」，無論瓷器的數量或質量都堪稱一流。瓷窯遍布全國各地，燒瓷匠人技藝高超，能夠熟練地運用堆塑、凸雕、透雕、浮雕、貼塑、堆紋等多種技藝，並且還吸取了唐代金銀器工藝及雕漆、玉雕、堆塑、木雕、石雕等姐妹藝術之菁華，使一件件瓷雕作品形象生動，栩栩如生。這尊釋迦牟尼瓷像，無論在造型還是瓷釉著色上，都可代表這一時期的技術水平。佛像除髮髻、眉毛和鬍鬚施釉下黑彩，其餘各處釉色白中泛青，與影青近似。這是潮州窯系的一大特點。

白釉　宋治平四年（1067年）
高31公分　寬10.3公分
中國歷史博物館藏

鎏金銅菩薩像

雕琢精緻、裝飾繁華

遼代在歷史上與宋代同時，在佛教造像方面，完全繼承了中原的文化藝術傳統，從整體造型風格上看，基本上是繼承了隋唐時期佛教造像的特點。由於在雕塑技術方面多爲被奴役的漢族藝人所爲，因此，造像也與宋代的佛教造像一樣，更多地體現了佛像的世俗化特徵，這尊衣飾華貴、金碧輝

煌的菩薩銅像即是這一時期的傑作。菩薩頭束高高的髮髻，面部略長，豐潤中略顯秀麗，兩道彎彎的細眉與高直的鼻樑相連，鼻翼較寬，兩眼微睜，嘴小唇薄，和善慈祥中蘊含著一種莊嚴，大耳貼面且飾圓形花瓣耳環，頭後兩條飄帶垂掛後肩。頸飾項鍊，胸前佩掛珠串瓔珞，繁縟華麗，深垂至膝。一條寬大的佩飾懸掛腹前，帔帛繞肩自然下垂，橫貫兩腿形成U形衣紋，衣褶向外翻轉，週邊垂掛著華麗的瓔珞，用以裝飾。一條長巾式綬帶自胸部沿兩腿間飄至兩足間，長裙及地露出兩隻大腳，赤裸的雙臂顯出豐腴的肌膚。肌體和服飾都具有其應有的重量感。整體造像神態自然，比例適度，雕鑄細膩精緻，裝飾繁華，保存完好無缺，是遼代佛教造像不可多得的珍品。

鎏金銅　遼（916-1125年）
高47.5公分　上海博物館藏

彩塑羅漢像

雕塑結合繪畫而成

西夏是北宋時期中國西北部黨項人於一〇三八年建立的少數民族政權。當時佛教興盛，統治者廣建寺院、佛塔，並延請各族僧人前往講經說法，多次向宋朝請購《大藏經》。因此，西夏的佛教文化深受漢地影響，其造像風格也多趨世俗化。這尊一九九〇年在寧夏回族自治區賀蘭縣宏佛塔天宮出土的彩塑羅漢像，儼然是一個誠心向佛、苦心修煉的普通弟子形象。羅漢額頭寬闊，不算高的鼻樑直通前庭，隆起的眼帘和弧形眼線，更顯得兩眼炯炯有神，蘊藏著深邃的智慧。稍厚的雙唇輕輕閉合，嘴角內收，表情端莊慈祥，神態沈靜自然。內著交領僧衣，腰束帶，外披右祖式袈裟，結跏趺坐，雙手自然下垂放於兩腿上。衣紋刻畫生動流暢，將雕刻和繪畫巧妙地結合，粗獷自然，更具藝術魅力。此像可代表西夏彩塑的藝術水平。

陶質彩塑　西夏（1038-1227年）
高50公分
寧夏回族自治區賀蘭縣文物管理所藏

珍貴的文化遺存

西夏佛教興盛，但佛教造像遺留下來的卻很少，西夏宏佛塔內出土的這尊彩塑羅漢像連同一起出土的陶佛頭等文物，是佛教美術史上極重要的實物資料。

漆金彩繪木雕菩薩像

雄偉開闊的北方雕像

金代在時間上較北宋爲晚，其佛教造像的整體造型承襲了宋代以及遼代的風格。造像普遍身軀壯偉，寬肩闊胸，有北方造像的雄偉開闊之風，這尊漆金彩繪木雕菩薩像就是這一時期造像風格的代表。菩薩頭戴高花冠，縷縷青絲上�捋，梳成後揚的髮髻。大耳貼面，面相方圓，兩眉間有一毫相，兩眼下視，敦厚的蒜頭鼻下紅唇微閉，兩腮肌肉豐滿圓潤，面部表情恬靜而莊嚴。頸戴項飾，一條長巾斜披左肩，在左胸部打結，上身裸露，大塊隆起的胸肌更顯得身軀粗壯健偉，略顯幾分少數民族的粗獷氣質。帔帛繞肩，帛帶瀟灑飄下，下身著裙，結跏趺坐，凸起的裙褶顯出質料的厚重感。由於作者採用了木材這一剛柔相濟的自然材料進行藝術創作，在藝術上有著獨特的趣味，衣紋運刀細膩自如，手與面部以及胸部肌肉的細緻處理，使之表面光滑不見刀痕，顯示出肌肉的質感。另外，根據需要，還將服飾進行了彩繪，以引起觀眾的注意力，特別是菩薩頭上那金碧輝煌的漆金花冠，使這尊本已十分完美的藝術品更增添了幾分藝術魅力。

木質漆金彩繪　金（1115-1234年）
通高130公分　上海博物館藏

阿嵯耶觀音像

鎏金青銅　南宋（1127-1279年）
通高46公分　雲南省博物館藏

大理國時期的遺物

這尊鎏金青銅觀音造像，是大理國時期遺物。菩薩寶冠高聳，冠前飾一坐佛，寶繒垂肩，大耳貼面。面相清瘦，呈倒三角形，兩眼平視，鼻頭隆起，雙唇緊閉，眉間飾毫相。上身袒露，頸佩項飾，臂戴釧飾，左臂下垂外弓，手心向上置於胯部。右臂屈肘於胸前，手掌向前，指尖向上，拇指和食指相捏成環狀，作說法印。下著長裙，腰束蓮花腰帶，裙褶緊裹雙腿，褶紋細密，有唐代慣用的「曹衣出水式」衣紋之遺韻。赤足站立，雖無唐代菩薩嫵媚的姿態，但卻具有慈悲為懷的莊重肅穆之感。具有南宋佛像華麗纖細、比例勻稱、注重心理刻畫的顯著特點。

元、明、清時期

　　元、明、清三代的佛教造像雖然在承襲前代風格的基礎上繼續發展，但已呈衰落趨勢。但此時藏傳佛教開始在內地傳播，藏系佛像樣式在內地（特別是北方地區）卻產生了極大影響，鑄造了大量的金銅佛像。

　　元代的藏系佛造像的總體特徵為：臉型圓滿，肉髻高聳，額頭肩部較寬，四肢健碩，胸部豐隆飽滿，衣錦簡略，軀體突顯。菩薩像均袒上身，下著裙，衣紋簡潔，瓔珞顆粒較大，明顯具有尼泊爾佛像風格。

　　明代的藏系金銅佛像以其優美的造型、端莊的面相、合乎形態的身體比例結構而著稱。尤其是明永樂、宣德年間的宮廷鑄像，直接以西藏造像為範本，風格傳承脈絡清晰，同時又融入了漢地審美觀念和傳統表現手法，更加注重細節的表現，浮雕珠寶密實鑲邊，使原本西藏佛像所特別強調的凶忿形象在內地逐漸淡化了。佛和菩薩的面相都豐滿端正、寬額、臉型方圓，表情靜穆柔和，高鼻薄唇，略蘊柔媚之態。而西藏佛像由於受尼泊爾佛像影響，且還承襲了印度的薩爾那特式基本不刻畫衣紋的造像手法，故大衣和裙喜用薄透手法，袒右肩式大衣僅在胸部刻一道淺淺的邊緣線以示其存在，大裙緊裹雙腿，在裙擺邊緣刻數道衣紋，整體上呈裝飾性。

　　清代佛像在北方仍然以梵式系統造像為主流，除西藏外，甘、青、蒙和承德等地的藏傳佛像製作頗為興盛。清代宮廷造像在康熙、乾隆時期達到高峰，數量巨大，造型端莊，一絲不苟。佛像面相飽滿，額頭較寬，臉型方圓豐頤，五官勻稱，雙眼的造型具有寫實性。服飾多為漢式大裙，強調裙的曲折生動的褶紋，腿部衣紋呈放射狀，這種生動優美，處理是明代佛像技法的繼續。清代宮廷造像在技法上依然深受明代造像影響，造型上端莊勻稱，比例適合，注重寫實技法的表現，技術上更加精益求精，顯示了高超的工藝水準，是其他時期的金銅佛造像無可企及的輝煌時期。

白救度佛母像

具有尼泊爾女性造像特徵

這尊由西藏製作的白救度母銅像爲黃
銅鑄造，頭梳高柱狀髮髻，髮髻正前
方飾阿彌陀佛，戴五葉冠，冠葉細
小。面相豐潤，前額寬闊，彎彎的兩
道細眉間鑲嵌綠松石毫相。隆起的眼

帘和那一波三折
式的眼線將慈祥
的面孔增添了溫
柔和靚麗，飽滿
的朱唇輕輕閉
合，秀美動人，
表情恬靜自然，大耳懸掛著耳環垂及
兩肩。上身裸露，臂戴釧環，瓔珞簡
潔，高聳的乳房豐滿圓潤，富有彈
性，性感極強。下身著裙，腿上陰線
刻四方蓮花圖案，腰際及裙擺以珠串
瓔珞裝飾。坐姿向左傾斜，端莊中顯
露幾分活潑，具有尼泊爾造像女性特
徵突出的特點。橢圓形蓮花座上下以
珠串裝飾，蓮瓣肥大，飽滿敦厚，其
尖捲起明顯，環繞蓮座。座底板鏨出
十字交杵圖案，並以紅漆塗飾。佛身
與蓮座分鑄然後釘在一起，這是藏族
工匠對拍打成型的佛像所採取的慣用
手法。

黃銅　元（1271-1368年）
高42公分　北京故宮博物院藏

度 母

救度佛母，亦稱度母，爲藏傳佛教
女神。傳說她爲觀世音菩薩化身的
救苦救難本尊，以顏色區分，呈現
二十一相，其中白度母較爲常見。

德化窯觀世坐像

民間觀音像的標準形制

福建德化窯生產的白釉瓷觀音在世界上享有盛譽，被稱為「東方藝術」的精品，這尊觀音坐像便是這精品中的精品。觀音頭戴風帽，身披長巾，是元代以來民間觀音像的標準形制。髮髻高束，額上正中插如意形頭飾，胸前瓔珞珠佩亦作如意形，象徵著觀世音菩薩遊戲於佛法三昧的「大自在」。觀音遊戲坐於蒲團上，雙手與左足被衣裙遮隱，右足顯露。整體造型類似「三十三觀世音」中的「眾寶觀世音」。觀音臉型略呈長圓，面相飽滿豐潤，雙眼作俯視狀，整個面孔慈祥中更具幾分肅寂與超凡的氣質。透過垂拂流轉的衣褶，讓人真切地感受到觀世音的生動存在，充分地體現了製作者高超的技藝，具有極高的藝術審美價值和工藝價值。像背後有陰文「何朝宗」三字印章款。

擅長塑造各種佛像的藝人何朝宗

在明代嘉靖、萬曆年間，福建德化縣隆泰後所村有一位著名民間雕塑藝人何朝宗，他擅長雕塑神仙、佛像，尤以雕塑觀音、如來、達摩、羅漢著稱。他不但工於泥塑木雕，尤精於瓷雕，是一位傑出的藝術大師。他塑的種種神仙、佛像都具有獨特的風格神韻，不僅塑出種種人物的特定儀態，而且表現各自不同的性格，形神兼備，栩栩如生。其所塑觀音有坐有立，造型優美，神態慈祥肅穆，衣紋

白釉瓷　明（1368-1644年）
高28公分　底座徑13.3公分
北京故宮博物院藏

（局部）

簡練，圓渾流暢，有飛揚之勢，加上德化窯所具有的「象牙白」的瓷質，使塑像更顯得滋潤優美。

享譽海外的德化窯白瓷

德化窯在福建德化一帶，現已發現宋、元、明、清瓷窯遺址一百八十多處。明代是德化窯生產上的黃金時代，所燒造的「象牙白」猶如象牙之色，白中閃黃，以瓷質細膩無瑕、胎釉凝重而著稱，在國外有「中國白」之稱。它以優良的瓷土經過粉碎磨細，漂洗乾淨，不摻其他原料，即可製坯成型。因此，所燒白瓷釉料純淨，含鐵量少，與其他產白瓷的地區相比，白度達到百分之七十七點六，給人以柔和光潤之感。明代德化窯的白瓷作品，主要以瓷塑最具特色，如彌勒、觀音、如來、達摩等佛像雕塑品，因有獨特風韻而名聞海外，享有「東方藝術」之稱。

文殊菩薩像

黃銅　元（1271-1368年）
通高42.5公分　北京故宮博物院藏

「一波三折式」眼線

此菩薩爲黃銅鑄造，頭戴三葉寶冠，三葉之間以珠串牽拉。面相秀麗雅致，兩眉間嵌一銀質白毫，兩眼微睜下視，隆起的眼帘和「一波三折」式的眼線，給亮麗的臉龐增加幾分嫵媚，飽滿的嘴唇微微啓動，大耳貼面並懸綴著圓輪耳環，項飾瓔珞，鑲嵌珊瑚、松石。臂戴釧環，雙臂屈肘於胸，手牽蓮枝作說法印，身體兩邊的蓮枝飽滿圓潤。

藏傳密宗裸像

這尊文殊菩薩造像，是西藏向元朝宮廷進獻的貢品，造像爲藏傳密宗造像，裸體，僅有簡單的瓔珞、臂釧裝飾，姿態健美，做工精細，表層光滑，具有鮮明的民族風格和獨特的藝術風貌。

文殊菩薩

文殊菩薩是我國佛教四大菩薩之一。文殊，梵文「文殊師利」的略稱，義譯「妙德」、「妙吉祥」，與普賢同爲毗盧遮那佛或釋迦牟尼佛的左右脅侍，合稱爲「華嚴三聖」，是佛門中多才善辯、象徵智慧的菩薩，專司「智慧」，諸菩薩中推爲眾首，其顯靈說法的道場爲山西五台山。形象特徵爲頂結五髻，坐騎青獅。或直立，或結跏趺坐。

不動佛像

黃銅鍍金的佛像

不動佛銅像由明代宮廷製作，黃銅鍍
金。頭戴五葉寶冠，面相方圓，大耳
貼面，蓮花耳環垂及雙肩，細眉高
鼻，雙眼微啓下視，朱唇輕合，嘴含
微笑，端莊慈祥。上身赤裸，帔帛繞
肩沿雙臂下垂，臂戴裝飾精美的釧
環，胸部和腰部飾細密的珠串瓔珞，
下身著裙，裙褶流暢自然。左手結定
印，掌中立金剛杵，右手結觸地印，
結跏趺坐於束腰仰覆蓮座上。頭光和
背光拍打出浮雕式的卷草紋飾，蓮座
上下緣飾細密的圓珠，蓮瓣飽滿厚
重，尖部捲起呈象鼻紋，座前刻有
「大明宣德年」款識。

不動佛與其他四佛

不動佛，爲金剛界五方佛之一，即東
方世尊阿閦佛。其餘四佛分別是南方
寶生佛、西方阿彌陀佛、北方不空成
就佛、中方毗盧遮那佛。

黃銅　明宣德年間（1426-1436年）
高28公分　北京故宮博物院藏

184

毗盧遮那佛像

具有西藏造型風格

毗盧遮那佛像由黃銅鑄造，原產於西藏，爲宮廷所藏。佛像頭戴三葉冠，修長的冠葉上鑲嵌著紅綠寶石，寶繒下垂然後捲起上飄飛揚。大耳貼面，耳環垂肩，面相豐潤適中，細眉大眼，兩眉間毫相鑲嵌長方形綠松石，秀鼻高挺，朱唇閉合，表情端莊慈祥。上身赤裸，裸露的肌肉柔和圓潤，不再強調塊狀和力度的刻畫。項飾珠串瓔珞，臂戴釧環。雙手結智拳印，左手夾持一法輪。下身著裙，薄衣貼體，不現裙褶，僅在腰際用細密的線條表現束裙的腰帶，裙下擺刻簡潔的卷草紋，向後飛揚的帛帶繞肘向外側飄下，具有明顯的西藏風格。佛結跏趺坐於束腰仰覆蓮座上。蓮座上下飾細密的珠串，肥厚的蓮瓣尖部捲起，敦厚和諧，十分生動。

黃銅　明（1368-1644年）
高32.7公分　北京故宮博物院藏

毗盧遮那佛

毗盧遮那，又稱毗盧舍那、毗盧折那，是對佛真身的尊稱，譯爲光明普照之意。在密宗裡又被稱爲大日如來，爲報身佛，是金剛界五方如來之一。

米色釉瓷釋迦像

藏瓷雕藝術珍寶

釋迦牟尼佛髮飾螺髻，面部方圓，微微俯首，在裸露的胸部正中飾有「瑞相」——「卍」標誌。右上臂及雙腕均佩飾串珠，雙手疊置腹前，掌心放一圓珠，施禪定印。結跏趺坐於束腰蓮座上，蓮座下爲鏤空的八邊束腰須

彌座，座底正中有橢圓形孔，周圍橫刻「開元寺」和豎刻「大明萬曆乙卯年漳洲府東溪鄉治子陳福成叩謝」等題記，均爲楷書，有填金痕跡。歷經近四百年，仍保存完好無損，色澤鮮艷，猶如新作，加上細膩的釉質和精緻的工藝，使這尊釋迦造像成爲瓷雕藝術的珍寶。

「卍」標誌

在佛教造像和佛經中經常可見「卍」（音萬）符號，是古代的一種符咒、護符或宗教標誌，象徵太陽或火，在梵文中作SRIVATSA（室利鞊蹉），意爲「吉祥之所集」。在古代印度、波斯、希臘等國家中都有出現，婆羅門教、佛教等都使用佛教認爲它是釋迦牟尼胸部所現的「瑞相」，用作「萬德吉祥」的標誌。在佛經中，卍字亦寫作卐。唐代慧琳《一切經音義》卷二十一等認爲應以卐爲準。武則天長壽二年（六九三年）制定此字讀爲「萬」。

瓷質上釉　明萬曆乙卯年（1615年）
高62.6公分　中國歷史博物館藏

吉祥天母像

面目猙獰的天母造型

該像爲黃銅鑄造，表面鎏金施彩。天母頭戴寶冠，髮髻似山，面貌猙獰。一串用骷髏串成的項鍊順兩肩懸垂於腹前。肩生四臂，臂戴釧環，手持刀、戟坐在騾背上，骨瘦如柴。兩腳用鐵鍊相繫，鍊上懸掛一顆人頭。一形貌奇怪的低矮小人手持韁繩緊隨其旁。騾子脖頸處生出一手一腳，臀部生出一手一眼，以示面惡心善。長圓形的覆蓮底座，上下緣飾以珠串，蓮瓣飽滿敦厚。座上雕出亂石林立的高山和波濤洶湧的大海。象徵吉祥天母騎騾遨遊於高山大海之間。

吉祥天母的由來和一百個名稱

吉祥天母又稱吉祥天女，藏名統稱爲「班達拉母」。此神有一百個名稱，每個名稱有一個圖像。這種圖像分爲和平像和威猛像。威猛像的特徵是：騎黃騾，騾之臀部有一目。身青蘭色，面有三目，背有光焰，胸乳下垂。據說此神原爲印度婆羅門教之神，後被佛教吸收爲護法神，宣佈其爲四大天王之一的多聞天王之妃，又宣揚她「有大吉祥功德於眾」。每年正月初一她騎乘陽光週遊世界，並把這一天的陽光裝在自己的肚子裡，故這一天爲其祭祀日。

鎏金銅　明（1368-1644年）
通高21公分
西藏自治區拉薩市羅布林卡藏

觀世音菩薩坐像

鎏金銅　明（1368-1644年）
高17公分　天津文物公司藏

明代金銅佛像之佳作

觀音鎏金銅坐像係黃銅鑄造。觀音頭戴寶冠，寶繪下垂及肩折向上揚，折彎處綴一圓形飾物。冠後的兩條飄帶順兩肩而下。面相方圓豐潤，天庭飽滿。鼻樑高且直，細眉彎彎，兩眼微睜，雙唇輕閉，表情慈祥和善。頸部飾三道蠶紋，胸掛瓔珞佩飾，著雙領下垂式通肩大衣，披肩及衣裙邊緣刻花紋圖案。一手持淨瓶，一手捏一環，遊戲坐於台座上，寬大的裙裾將台座遮住。此尊觀音造型優美，鏤刻精細，爲明代金銅佛像之佳品。

千佛堂造像碑

趨向世俗化的雕像理念

千佛造像碑原存河南省延津縣。碑爲
石灰岩雕造，由碑首、碑身、碑座等
三部份所組成。碑首螭龍盤繞，碑額
小龕內雕一佛二弟子。碑身雕刻內容
豐富，自上而下分五部份雕刻：最上
端正中龕內刻一佛二弟子，佛上部刻
天龍八部之一的迦樓羅，人首人身，
展開雙翅在空中舞動，兩個飛天也在
其旁飛舞。龕之兩邊刻《西遊記》中
唐僧西行取經的故事。第二層雕普
賢、文殊、大勢至菩薩和兩個戴盔披
甲的天王；第三層拱形龕內雕一尊袒
胸露腹、身披袈裟、手持唸珠、遊戲
而坐、正沈浸在歡樂之中的大肚彌勒
佛像；第四層龕內雕地藏菩薩手持寶
珠結跏趺坐在仰蓮座上，二弟子身著
寬袖交領大衣，手持菩薩的錫杖恭立
左右；最下層雕十二人，其中十人身
著褒衣博帶，頭戴五梁冠，恭手立於
蓮座上，應屬地藏菩薩麾下的十殿閻
君。兩邊的二人頭戴官帽，身著官
服，或恭手側立，或姍姍而來，可能
是十殿閻君的差官之類。

在碑首背面的碑額處雕一觀音遊戲
坐像，旁有一童子拱手跪拜。如果將
碑首正背調換一下，不難看出，該碑
所要再現的主要是菩薩造像，充分說
明明代的佛教造像已不再默守傳統的
造像儀軌，而雕一些佛教信徒們所喜
聞樂見的故事以及讓人感到更爲親切
的菩薩形象，將自己心目中的佛的理
念傾注於菩薩身上，從而使造像完全

石灰岩　明嘉靖十三年（1534年）
高269公分　寬70公分　厚20公分
河南博物院藏

趨向於世俗化。除這些雕像之外，碑之四面及其碑座，還遍雕小型禪定坐佛，排列整齊，但姿態呆滯，雕刻樸拙，這是漢地佛教造像尤其是石刻造像處於頹廢形勢下的具體表現。

大肚彌勒的來歷及其形象

大肚彌勒又稱布袋和尚。根據《宋高僧傳》等書記載，他名叫契此，又號長汀子，是五代時期活動在江浙一帶的僧人。傳說他形體肥胖，經常在錫杖上掛一個布袋行乞，所得之物就放在袋中。他語出無定，但爲人預示吉凶則非常靈驗，還能預知晴雨，沾雪不濕，讓人覺得很神奇。五代後梁貞明二年（九一六年），契此端坐在明州岳林寺一塊磐石上，口唸「彌勒眞彌勒，分身千百億，時時亦時人，時人自不識。」然後就圓寂了。由於他行動奇特，臨死前又唸了這樣的偈語，所以有人認爲他是彌勒轉世。因他生前總是悠然自得，喜笑顏開，讓人覺得非常親切。從宋代開始，江浙一帶就按「布袋和尚」的形象來塑造彌勒佛，成爲人們心中喜聞樂見的佛像。

（局部）第三層之大肚彌勒佛像

地藏菩薩的得名與由來

地藏菩薩，是我國佛教中的四大菩薩
之一，因其「安忍不動猶如大地，靜
慮深思猶如秘藏」而得名。佛經中
說，他受釋迦牟尼囑咐，在釋迦滅度
之後、彌勒未降生之前，教化六道眾
生，拯救一切罪苦，所以地藏又稱悲
願菩薩。他現身於天、人和地獄之
中，眾生只要稱地藏菩薩名號，就可
以解脫一切苦難。傳說其顯靈說法的
道場在安徽九華山。作爲胎藏界地藏
院的菩薩，形象爲身披袈裟，掛瓔
珞，戴寶冠，手持寶珠及錫杖，呈菩
薩或沙門狀。

　　關於地藏菩薩，在中國還有另一種
說法：據宋《高僧傳》記載，釋迦滅
度一千五百年後，地藏菩薩降誕爲新
羅國王族，姓金名喬覺，出家後於唐
玄宗時航海來到中國，居安徽九華山
數十年，九十九歲圓寂。當地一位閔
長者長期供養地藏，閔長者的兒子隨
地藏出家，稱道明和尚，後來閔家父
子成了地藏菩薩的脅侍。

（局部）

大威德金剛像

清宮廷之作

該像用紅銅鑄造，清代宮廷製作。造像極為複雜，有九頭、三十四臂、十六足。最上端一頭是文殊菩薩的沈靜相。其餘八頭皆為大威德金剛忿怒相。威猛恐怖，全身赤裸，胸、腹、腰部以及臂腕飾精細生動的瓔珞，項及腰部懸掛人首項鍊，每手均持法器，各不相同。兩腿曲立成弓步，足

踏十六隻怪獸、八個赤身裸體的女人。裝飾繁複，密而不亂，顯示出極高的鑄造水平。圓角方形仰覆座製作規整，蓮瓣上下對稱，飽滿敦厚，座上沿飾以細密的串珠。整體造像在形象上具有西藏造像風格，但其精細的加工工藝和規範程度應為宮廷作品。

紅銅　清（1644-1911年）
通高93公分　北京故宮博物院藏

大威德金剛

大威德金剛，又稱怖畏金剛，俗稱牛頭王，藏名「多杰吉杰」。是藏傳佛教格魯派所修三大本尊之一，係無量壽佛的忿怒相。

蓮花生像

（局部）

西藏製作的紅銅鍍金造像

該像用紅銅製造，外層鍍金，清代西藏製作。造像頭戴寧瑪派寶冠，鬚眉捲曲，雙目圓睜作忿怒相；右手持金剛杵，左手持嘎巴拉碗。左肩夾持喀章嘎（已失），結跏趺坐於蓮座上，身披袈裟，衣紋流動自然，用陰線刻畫衣紋，顯出衣飾的厚重感。在單層仰蓮台座上沿以珠串裝飾，環繞一周的蓮瓣為向內翻捲的荷葉形，座的底板飾有規整的十字交杵圖案。

大力傳播佛教的蓮花生

蓮花生，印度僧人，西元八世紀中葉以後被延請入藏傳播金剛乘佛法，是傳播密宗的祖師。由於當時佛教受到當地苯教的嚴重排斥，藉出現雷擊、洪水和瘟疫等自然災害，掀起了強烈的反佛風潮。精通密宗教法的蓮花生大師應邀入藏後，用密宗的義理和法

鍍金銅　清（1644-1911年）
通高29公分　北京故宮博物院藏

194

術同苯教進行抗爭，指出雷擊、洪水等自然災害均係某些山神所為，與佛教無關，而且宣稱他已將這些製造災厄的山神降服。每當他駁倒和戰勝苯教的巫師後，立即宣佈苯教所信仰的某某神祇已被降服，並封其為佛教的護法神，納入佛教的範圍，擴大佛教的勢力，使佛教得以倖存和發展，因此，對密宗在西藏的傳播起了關鍵性的作用。

金剛杵

金剛杵，梵語伐折羅，原為印度的兵器，密宗借用為法器，以堅利象徵智慧，可斷除煩惱，降伏惡魔。其兩頭有單獨者、三枝者、五枝者、九枝者，分別稱作獨股杵、三股杵、五股杵、九股杵。通常用金石或木材作成，有上、中、下三品之分：長十六指為上品，十二指為中品，八指乃至一指為下品。「手持金剛杵者表起正智猶如金剛」，不持金剛杵者唸誦無由得成就，因此密宗視金剛杵為菩提心義。

釋迦牟尼佛像

凸顯西藏本土風格的裝飾

此像爲紅銅鑄造，外表鍍金，係西藏製作。頭飾螺髻，面相豐潤，兩耳外張，耳垂碩大，兩頰與上眼瞼略顯浮腫，薄衣貼體，身軀粗壯有力，具有濃厚的帕拉風格特點。左手捧鉢於胸前結禪定印，右手結觸地降魔印，結跏趺坐於單層仰蓮座上。蓮座上緣飾以連珠。蓮座下爲三足雙層台座，座上用陰線刻出蓮瓣及鳳鳥圖案。佛像的白毫、佛身及台座上鑲嵌著綠松石和珊瑚的做法，顯示出西藏本土的裝飾特點。

六世班禪敬獻的祝壽禮物

在宮廷藏的眾多佛像中，有一部份是西藏進獻的禮物。在這尊釋迦牟尼像的底板上貼有原清宮紙籤，上有漢、藏、蒙、滿四種文字，其中漢文爲「乾隆四十五年八月二十四日皇上駕幸札什倫布，班禪額爾德尼恭進大利益扎什利瑪釋迦牟尼佛。」由此可知，此像是六世班禪進京爲乾隆帝祝壽時在承德札什倫布寺所獻的壽禮。

鍍金銅 清（1644-1911年）
高60公分 北京故宮博物院藏

196

宗喀巴像

具有西藏人物造像特徵

該像為紅銅製造，外表鍍金，係清代西藏作品。造像面容慈祥，布滿皺紋的面部具有寫實效果，向外張開的雙耳是西藏人物造像的特點。持蓮花蔓的雙手結轉輪印，雙肩蓮花上各托劍與書，表明他是智慧文殊的化身。身穿多層袈裟，衣褶緊裹軀體，缺乏流動感。結跏趺坐於束腰仰覆蓮座上，像座分鑄而成，然後釘在一起。蓮座寬大，上雕飾連珠，蓮瓣肥厚，尖部微挑。座後無蓮瓣，底板有小十字交杵圖案。像身係原清宮黃簽：「大利益札什瑪宗喀巴，乾隆五十八年十月二十一日收包衣昂幫呈覽」。

格魯派創始人宗喀巴

宗喀巴，又名羅卜藏札克巴，明永樂十五年生於青海省西寧府，十四歲學於後藏札什倫布寺之西薩迦廟，後得道於西藏之葛爾丹寺。相傳其受戒時染僧帽不成色，惟黃立成，因此著黃色衣帽。他提倡戒律，改革佛教並寫成《菩提道次第廣論》，大力宣傳格魯派理論，被尊為格魯派創始人，稱為阿彌陀文殊的化身。

鍍金銅　清（1644-1911年）
高44.6公分　北京故宮博物院藏

四臂觀音像

頗顯皇家氣派的清宮之作

該像為黃銅鑄造，外表鍍金，清朝宮廷製作。佛像髮髻呈葫蘆狀，戴繁複的五葉冠，呈橢圓形，面相圓潤，兩頰豐滿，前額平板，高直且稍短的鼻樑直通前庭。結跏趺坐於束腰仰覆蓮座上，座高而寬，束腰處及上下緣飾以珠串，兩條飄帶垂掛座前。具有明顯的清宮造像特徵。而寶冠、髮髻、白毫、瓔珞等處嵌滿名貴珠石，頗顯皇家氣派，加之全身鍍金，更使整個造像華貴富麗，燦爛奪目。在像座下緣有藏、蒙、滿、漢四種文字的造像記，其漢文為：「大清昭聖慈壽恭簡安懿章慶敦惠溫莊康和仁宣弘靖太皇太后虔奉三寶福庇萬靈自於康熙二十五年歲次丙寅奉聖諭不日告成永念聖祖母仁慈垂佑眾生更賴菩薩感應聖壽無疆云爾」。

鍍金銅　清康熙二十五年（1686年）
高73公分　北京故宮博物院藏

四臂觀音的特徵

四臂觀音是密宗造像題材之一，為西藏佛教守護神，影響很大。造像特徵多為一面四臂，正面兩手合掌於胸，掌中持果或寶珠，後面兩手屈肘上舉，一手持唸珠，一手持花。

（局部）

豎三世佛像

樸素與奢華的鮮明對比

該三世佛爲黃銅鑄造，外表通體鍍金，係清朝宮廷製作。人物造型特點突出，螺髻高聳，大耳垂肩，前額平坦，兩頰豐滿，三稜形鼻子，鼻樑高挺且直，面相豐潤，雙唇微合，露出慈祥的笑容。袒右肩式袈裟，胸部整體隆起，胸肌不明顯。中間的釋迦牟尼佛左手托缽結禪定印，右手下垂結觸地降魔印。左邊的燃燈佛結安慰印，右邊的彌勒佛結說法印，均結跏趺坐於仰覆蓮座上，佛座的蓮瓣整齊，其尖微挑，飽滿厚重。蓮座下面的方形束腰須彌座和蓮

鍍金銅　清（1644-1911年）
通高88公分　北京故宮博物院藏

瓣形背光，雕刻精細，加之鑲嵌眾多的珠寶玉石，使造像更顯富麗堂皇，恰與佛像本身的樸素形成鮮明的對比。這種造型精美，雕刻細膩，裝飾豪華的佛教造像，正是宮廷造像的明顯特徵。

燃燈佛

燃燈佛在佛經中譯為「錠光佛」，或音譯成「提和竭羅」。《大智度論》卷九謂其出生時身邊一切光明如燈。據《瑞應本起經》卷上載，釋迦牟尼前世曾買五莖蓮花供獻該佛，故被授記（預言）九十一劫後的「賢劫」（現在之劫）時當成佛。燃燈佛是過去世的佛，在造像中與現在世的釋迦牟尼佛、未來世的彌勒佛組成豎三世佛。

彌勒佛像

鍍金銅　清（1644-1911年）
高84.5公分　北京故宮博物院藏

達賴進獻的貢品

該像為紅銅鑄造，外表鍍金，係西藏製作。身著菩薩裝的彌勒，頭戴五葉寶冠，冠葉製作繁瑣細膩、鑲嵌綠松寶石。兩手屈肘於胸前結說法印，手中各持一蓮枝，枝端托一淨水瓶。帛帶經身後繞肘飄向兩側，在下部形成蝶翼形圖案，下身略向後扭，兩腿略顯僵直，僅膝蓋部份凸出。雙層裙褶顯示出質料的厚重感，腿上的裙褶呈規則的階梯狀。圓角方形束腰仰覆蓮座，蓮瓣窄長，瓣尖略卷，座後切直。身上係有原清宮黃簽：「達賴喇嘛又呈進利瑪佛一尊連衣」。可知此彌勒佛像為達賴進獻給朝廷的貢品。

彌勒的身世及其兩種形象

彌勒，譯為慈氏，生於南天竺國婆羅門家，紹釋迦如來之佛位，為補處菩薩，先佛入滅，生於兜率天內院，彼經四千歲（即人間五十六億七千萬歲）下生人間，於華林園龍華樹下成正覺。成佛之前的彌勒修得慈心三昧，故稱為慈氏，成佛後方稱為彌勒。他的形象有兩種：一種是佛裝，為三世佛中的未來佛；一種是菩薩裝，一般為單獨供養。

釋迦牟尼佛坐像

（局部）

具有印度造像特徵的白玉像

此尊釋迦牟尼佛坐像是近年在河南省商城縣徵集的，爲白色玉石雕成。佛結跏趺坐於蓮座上，頭飾螺髻，面相清秀雅麗。細眉大眼，高高隆起的鼻樑直通前庭，兩眼微睜下視，雙唇微合，露出慈祥的笑容。大耳貼面，耳垂及肩，表情恬靜自若。肩披右袒式袈裟，內著僧祇支。袈裟的一端好似長巾從左肩後部垂至前胸，頭巾紋飾折疊頗具質感。裸露的右胸和自然下垂的右臂，晶瑩剔透，豐潤光澤，顯示出如雪似玉的肉體感。特別是那施觸地印的具有彈性的手指，反映了雕塑家非凡的寫實功力。這尊雕刻精細的佛像，從服飾和造像風格看，顯受印度佛像的影響，具有印度造像的藝術特徵。

白玉石　清（1644-1911年）
高55公分　河南博物院藏

祖師坐像

藏傳祖師像中的珍品

此尊祖師坐像係黃銅鑄造，祖師跑坐在長方形佛座上，手施降魔印。面部豐滿，鼻樑高且直，鼻翼輪廓清晰，細眉彎如初月，眼大而橫長。雙唇飽滿，輕輕閉合，露出可親的微笑，兩腮微微鼓脹，顯出飽滿的肌肉感。身披袈裟，穿交領短襦，下身著裙，衣褶簡潔。袈裟及衣裙的邊緣以陰線刻花紋，座之兩側亦刻花卉圖案，使整個造像顯得優美華麗，具有明顯的藏傳佛教的造像特徵。

在藏傳佛像中，祖師像是其中最具特色的部份：既有寧瑪祖師蓮花生，噶當祖師阿底峽、仲敦巴，噶舉祖師都松欽巴、密勒日巴，又有格魯派祖師宗喀巴及歷世達賴、班禪等，幾乎是藏傳佛教史上的著名領袖。藝術家們以寫實的手法塑造出諸位祖師生前的形貌，有的辯經說法，有的冥思觀想，或莊嚴、或慈祥、或慍怒，無不生動傳神，栩栩如生。這些肖像作品雖然未能擺脫造像程式化的束縛，但匠師們發揮了卓越的人物造型技藝，取得了輝煌的成就。這尊祖師造像造型生動傳神，精美別緻，可稱為藏傳祖師像中的珍品。

鎏金銅　清順治-雍正（1644-1735年）
高29公分　天津市文物公司藏

金鑲東珠菩薩立像

（局部）

清乾隆時期的造像

金鑲東珠菩薩立像是乾隆年間鑄造的
大批藏傳佛教造像中的珍品之一。菩
薩前額正中毫相鑲嵌紅色寶石，頭戴
蓮花寶冠，寶繒向下彎曲上揚，冠頂
置一喇嘛式寶塔。頸部飾項圈、瓔
珞，瓔珞長垂及腹，與腰際的飾掛形
成完美的組合，其上鑲嵌珍珠。手施
說法印，左臂肘部略向外弓，手背朝
上，垂於胯下，雙臂飾珍珠手鐲和臂
釧。下身著長裙，裙褶分雙層緊裹兩
腿，褶紋突起，極富紡織物的厚重
感。足上佩飾腳鐲，並鑲嵌珍珠。像
之兩側各立忍冬一株，枝壯葉繁，纏
繞而上，至頂端花枝內傾，各盛開一
朵蓮花，花蕊處生出一法輪一寶瓶，
宛若透空的背光，分外精美華麗。

清王族的御用品——東珠

這尊菩薩像以黃金鑄成，全身鑲嵌東
珠共一百八十三顆。以珠光寶器裝飾
佛菩薩像，是清朝宮廷之風尚，也是
藏傳佛教造像的一大特色。東珠，產
於滿族的發祥地——東北松花江，所
產的珍珠被視為吉祥物，為清代王族
的御用品，其他人都不得佩用。

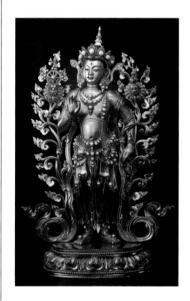

黃金　清乾隆（1736-1795年）
通高49.5公分　寬32公分
北京故宮博物院藏

大輪金剛手像

征服水魔的金剛手菩薩

大輪金剛手藏名「恰多柯欽」，係胎藏金剛手院三十三尊之一。其形象是金剛手菩薩的忿怒相，是征服地下與水下龍魔之神。該像屬宮廷造像，爲紅銅所造。主尊頭飾蛇形髮髻，戴三葉寶冠，面作忿怒相，三頭六臂，擁抱佛母。兩手握住蛇身，兩手施無畏與願印；另兩手一上舉持金剛杵，一手向外伸開。張口咬住蛇腰，凸鼻暴眼，額上正中有一天眼，眼珠外凸，足踏魔神，凶相畢露。佛母長髮披肩，赤身裸體，腰部垂掛纓絡，臂戴釧環，手持鉞刀和嘎巴拉碗，左腿直伸足踏魔神，右腿捲屈勾繞主尊腰部。後有火焰紋鏤空光背，下有圓角長方形仰覆蓮座，座下緣有「大清乾隆年敬造」字樣。

紅銅　清乾隆年間（1736-1795年）
通高50.5公分　北京故宮博物院藏

208

玉雕觀音像

玲瓏剔透的玉觀世音

清代的藏系佛像十分盛行，內地佛像雖已頹廢，但木雕、玉雕和瓷塑觀音造像卻很流行，且多造型優美之作。這件玉雕觀音像面形圓潤秀美，高鼻小嘴，細眉彎如嫩月，一波三折的兩眼微睜呈曲線形，雙唇微啓，面帶微笑，表情和藹可親。髮絲上捋，束紮髮髻的頭巾披至兩肩。身著寬大的通肩大衣，露出肌膚光潔的胸部，頸戴珠串項飾，胸前綴一蓮花，右手握串珠。長裙及地，頭微側，身姿呈三段曲屈式，臉、胸、手的肌膚表現極富女性之美。特別是衣紋的表現，多爲圓刀雕刻，充分顯示了衣服的質感。加之玉石的天然色彩，使這尊本已雕刻精美的菩薩像，更加玲瓏剔透、柔美婀娜。

玉　清（1644-1911年）
高24公分　河南博物院藏

佛教造像各時期代表作品一覽表

時　代	名　稱	地　點	藝術特徵
東漢 （25-220年）	崖墓佛像	四川麻濠崖墓 享堂門額	結跏趺坐，圓頭光，通肩衣，施無畏印。
東漢 （25-220年）	一佛二立 侍像	四川彭山崖墓出 土搖錢樹座底部	肉髻，通肩衣，結跏趺坐，右手施無畏印，左手 牽衣端，一副中國神仙形象。
三國 （220-280年）	鎏金銅佛像	湖北武昌蓮溪寺 彭盧墓出土	鏤刻於銅飾牌上，蓮花座，肉髻，圓頭光，袒上 身，披帛帶。
三國·吳 （222-280年）	青釉褐彩 壺·佛坐像	南京市博物館藏	高肉髻，圓頭光，禪定印，蓮花座兩側有二護法 獅子，顯受犍陀羅佛像影響。
後趙 建武四年 （338年）	鎏金銅佛像	美國舊金山 亞洲藝術館藏	束髮形肉髻，禪定印，方台座，雕法樸素，衣紋 形式化，從佛像的四方台座、衣紋手法和整體構 圖看，是含有犍陀羅佛像因素中，有明確紀年的 中國最早佛像。
大夏 勝光二年 （429年）	中書舍人造 鎏金銅佛 坐像	日本大阪市立 美術館藏佛坐像	束髮形肉髻，U字形重疊式衣紋，方座旁臥二獅 子，是早期佛造像的祖型。
南朝宋 元嘉十四年 （437年）	韓謙造鎏 金銅佛像	日本永青文庫藏	通肩衣，禪定印，舉身舟形大背光等，仍固守較 早的傳統手法，但溫和優雅的面容和整然規範化 的U字形衣紋等，顯示出與同期北方造像不同的 作風。
北魏太平 真君四年 （443年）	苑申造鎏 金銅佛立像	日本東京國立 博物館藏	通肩大衣，U字形出水式衣紋，身軀壯偉，顯受 印度笈多王朝時期馬土臘地區製作的出水式佛像 的影響，但其波浪狀渦輪式髮髻和厚重並具寫實 感的衣紋，仍能看到犍陀羅佛像的痕跡。
南朝宋元嘉 二十八年 （451年）	劉國之造鎏 金銅佛坐像	美國華盛頓菲里 亞美術館藏	蓮瓣形大背光，帶有犍陀羅佛像的U字形衣紋和 民族風格的四足方座，是南和具有朝早期造像的 共同特徵。
北魏 太安三年 （457年）	宋德興造 佛石坐像	日本個人收藏	螺髮，座兩側有二獅子，圓形背光，衣紋扁平狀 突起，上刻陰線，與敦煌石窟中十六國佛像和中 亞地區此期佛像手法相同，佛的螺髮在單尊造像 上為較早出現。
北魏 皇興五年 （471年）	石雕交腳 彌勒像	陝西省博物館藏	渦卷式髮髻，隆起的衣紋上加刻陰線，為太和前 佛像衣紋共通手法。背光後減地線刻佛傳故事， 類似我國早期的連環畫。
北魏 延興五年 （475年）	金銅佛立像	河北省博物館藏	髮髻呈右旋輪狀，衣褶繁縟，厚重有力，尚有濃 厚的犍陀羅痕跡，背光極為精美。是北魏延興時 期的佳品。

時　代	名　稱	地　點	藝術特徵
北魏 太和八年 （484年）	比丘僧安造金銅佛坐像	內蒙古博物館藏	渦卷式髮髻，內著僧衹支，衣紋平行而綿密，隆起的衣紋上刻陰線，大衣領口飾折帶紋，寬大的宣字形佛座加以大舟形背光，是太和時期佛教造像的典型特徵，在北魏造像中以其剛健有力、紋飾精美而達到高峰。
北魏太和八年（484年）	楊僧昌造鎏金銅佛坐像	美國哈佛大學福格藝術館藏	宣字形台座，束腰部有二獅子，形體高大，製作精美，應爲太和年間的流行樣式。
北魏 太和十八年 （494年）	尹受國造石雕佛坐像	美國納爾遜博物館藏	袒右肩，大衣邊緣外有折帶紋，宣字形四足佛座，大舟形背光，是太和時期佛像的精品之作。
北魏 正始三年 （506年）	高阿興造鎏金銅佛坐像	西藏自治區文物管理委員會藏	右旋式渦輪狀髮髻，面相瘦削清秀，具有秀骨清俊的特徵，細密的衣紋和四足佛座還保留早期造像風格，是正始年間的代表之作。
北魏 延昌三年 （514年）	卑安生造鎏金銅觀世音菩薩像	上海博物館藏	四足佛座，舟形火焰紋背光，上身裸露，卜著長裙，披帛繞肩飛揚，面相尙保留當時佛像的某些特徵，是北魏延昌年間的代表作品。
北魏 熙平二年 （518年）	疊任造金銅觀世音菩薩立像	日本香川縣個人收藏	北魏晚期觀音耳旁寶繒均向兩側伸展，然後呈折帶狀下垂，裙腳飄逸，光背優美，爲熙平年間的典型作品。
北魏 神龜元年 （518年）	盧邊之造鎏金銅觀世音菩薩像	上海博物館藏	菩薩裝束飄逸，人體比例準確，四足方座和舟形火焰紋大背光，仍保留早期金銅佛像的特徵。
北魏 （386-534年）	田延和造石雕阿彌陀佛立像	河南博物院藏	旋渦紋高肉髻，面相清俊秀美，細眉高挑，眼大而長，鼻高且直。內著僧衹支，胸前束帶打結，外著褒衣博帶式通肩大衣，衣紋流暢勁健，已完全改變了早期造像規範，是佛教造像在民族化和世俗化進程中，趨於成熟的代表作品。
南朝梁 普通四年 （523年）	康勝造釋迦牟尼佛碑像	四川省博物館藏	束髮式肉髻，面相豐潤適中，清俊秀美，褒衣博帶式通肩大衣薄而飄逸。瘦削的雙肩和長長的頸部，更顯身軀苗條修長，儼然南朝風流名士。多尊造像組合一起，且體量較小，是南朝造像的共同特徵。
北魏 孝昌元年 （525年）	道哈造石雕彌勒像龕	河南博物院藏	交腳彌勒是北魏雕造最多的題材之一，雖面孔偏於清瘦，但不像前期那種標準的瘦骨清像，臉龐豐潤適中，是北魏晚期的代表作品。
北魏 永熙三年 （534年）	趙照僉造石雕釋迦坐像	山西省博物館藏	佛之面相似中古代貴婦形象，在表現技法上，線條較前期更爲稀疏，用漫圓式刀法刻出直平極淺階梯式衣紋，開創了東魏及隋唐雕刻技法新作風。

時　代	名　稱	地　點	藝術特徵
東魏 武定元年 （543年）	道俗九十 人造像碑	河南博物院藏	高肉髻，寬額大耳，面相豐滿圓潤，造型手法細膩，表面處理光潔俐落，內著僧祇支，在胸前打結垂帶，外穿雙領下垂式通肩大衣，衣褶厚重，舒展柔和，較之北魏時繁縟的衣褶顯得簡單明瞭。這種碑型造像，始於東魏，是東魏造像的顯著特徵，對後世影響很大。
西魏 （535-557年）	釋迦說法 造像碑	陝西省博物館藏	高肉髻，雙領下垂式通肩大衣，褶紋變化多樣，流暢自然，立體感較強，雕刻內容豐富，構圖緊湊，刀法嫻熟，運用高浮雕、減地陽刻、陰刻等多種手法，使佛碑能最大限度地擴充內容，是西魏佛碑雕刻的突出成就。
北齊 天保十年 （559年）	高海亮 造像碑	河南博物院藏	面相豐圓，髮髻不高，所謂犍陀羅藝術風格已減弱，在一定程度上已經是中國婦女的模樣。軀體明顯，不注重衣紋的刻畫，立像身軀扁平，側面看腹部有向前凸起的感覺。
北周 （557-581年）	彩繪貼金 觀世音 菩薩像	陝西省西安市 文物考古所藏	漢白玉雕造，束髮式髻，戴寶冠，面相方圓豐潤，整體造型生動自然，雖有北周造像形體短壯、缺乏動感的共同特徵，但精美華麗的瓔珞裝飾和對衣紋的著重刻畫，完全掩蓋了因此造成的比例失調，這種風格成為隋代菩薩造像的範本。
隋 開皇四年 （584年）	董欽造 鎏金銅 阿彌陀佛像	陝西省文管會藏	隋代的銅佛造像除單體外，多流行以主尊、弟子、菩薩、供養人、力士、獅子等組合成一堂的樣式，四足佛座，上覆天蓋，花邊飾流蘇，背光鏤空，極盡繁瑣雕飾之美。這種雕造精美、造型準確、工藝精湛華麗的佛像，反映了隋代對佛教造像追求華麗的審美觀，是隋代造像中極為精美的藝術品。
唐 咸享三年 （672年）	陽隱師造 石雕阿彌 陀佛坐像	河南博物院藏	八稜束腰須彌座，蓮瓣形背光，頭飾螺髻，面相豐圓適中，方頤突出，通肩大衣，衣褶覆蓋座前。造像手法概括簡練，造型生動自然，是初唐（618-713年）時期較為傑出的單體造像。
盛唐 （713-765年）	木雕菩薩像	遼寧旅順 博物館藏	面相豐滿圓潤，雙唇飽滿，上身袒裸，佩掛瓔珞項飾，帔帛繞肩在兩腿間形成U形，站姿雖無初唐那種「S」形人體造型的明顯特徵，但仍柔和放鬆、收斂而文靜，有亭亭玉立之感。素潔淨艷的面部與豐腴瑩潔的裸臂顯露出養尊處優的貴婦氣派，外來的佛像範本已不再是藝匠們亦步亦趨的規範，注重人物的個性化和寫實性相接合，將菩薩那纖纖手指刻畫得動態豐富而富有彈性，具有明顯的盛唐時期「豐肌秀骨」的特點。

時　代	名　稱	地　點	藝術特徵
唐 長慶元年 （821年）	石雕 天王菩薩像	河南博物院藏	形象豐滿，體魄魁偉，氣勢宏大，姿態端莊，衣飾華麗，帔帛橫貫雙腿。面相已完全是中國婦女形象，是中唐時期（766-835年）菩薩造像的共同特徵。
宋 （960-1279年）	鎏金銅 菩薩像	上海博物館藏	頭戴花冠，寶繪垂肩，面相豐潤適中，著寬袖通肩大衣，一改唐代菩薩性感裝束的風格，其神秘色彩已蕩然無存，完全是宋代禮學熏陶下的貴族婦女形象，服飾較隋唐以來更加華麗，表現出完全世俗化的特徵。
遼（916- 1125年）	鎏金銅 菩薩像	上海博物館藏	高髮髻，面部略長，豐潤中略顯秀麗。長裙曳地，珠串瓔珞繁縟華麗，深垂至膝，胸前懸掛寬大的佩飾。整體造型神態自然，比例合適，更多地體現了佛像的民族化和世俗化特徵，是遼代佛教造像的精品。
金（1115- 1234年）	漆金彩繪 木雕菩薩 坐像	上海博物館藏	束高髻，戴花冠，面相方圓，袒露上身，身體肥胖，胸部豐滿，身軀壯偉，這種寬肩闊胸的佛像，具有北方造像的雄健開闊之風，堪稱金代造像之佳品。
元（1271- 1368年）	泥金銅 白救度 佛母像	北京故宮 博物院藏	元代藏傳密宗造像已成爲佛教造像的主流，其造像特徵爲臉型圓滿、裸上體、額肩較寬、四肢健碩、胸部豐隆飽滿，衣飾簡略，僅有簡單的瓔珞、臂釧裝飾，身體突顯，姿態健美，工藝精巧，具有鮮明的尼泊爾佛像風格。
明 （1368- 1644年）	毗盧遮那 佛銅像	北京故宮 博物院藏	面相豐滿端莊，寬額，臉型呈方圓，五官匀稱，含蓄秀美，略顯妩媚之態。腰部細瘦，赤袒長身，臍窩深陷，富有彈性，整體動態呈S形，極富人體之美。手腳刻畫靈活纖細，寫實性很強。蓮座低矮，蓮瓣細長秀美，生動挺拔，遒勁俊逸，是明代藏系佛像的共同特徵。
清乾隆 （1736- 1795年）	金鑲東珠 菩薩立像	北京故宮 博物院藏	面相端莊，神態自若，額頭寬而隆，臉型偏方圓，豐頤。上眼瞼向下垂，彎度很大，呈俯視形，極富裝飾性。上身袒裸，腰肢纖細，瓔珞長垂及腹，帔帛飄逸，雙臂飾珍珠手鐲和臂釧，整體造型精美華麗，富麗堂皇，是清代宮廷造藏傳佛像的代表作。

索引

作者介紹

王景荃，一九六五年生於河南省商城縣，河南大學中文系漢語言文學專業畢業。從事石刻和佛教藝術研究工作十餘年來，合著出版了《河南碑誌敘錄》兩輯，《河南文物名勝史蹟》、《中國古玩珠寶鑒定大全》、《中國美術分類全集·石刻線畫卷》等專著六部，《中國碑刻書法精品選》九本，發表文章二十餘篇。現供職於河南博物院，是中國漢畫學會會員，河南省考古學會藝術考古研究會理事，河南省鑒賞家協會常務理事、副秘書長。

藝術圖鑑 2

佛像

作　　者／王景荃

系列主編／汪若蘭

責任編輯／徐藍萍

封面設計／林翠之

美術編輯／林翠之、李曉青

出　　版／貓頭鷹出版

發　　行／城邦文化事業股份有限公司

　　　　　台北市信義路二段213號11樓

　　　　　網址: www.cite.com.tw

　　　　　E-mail: service@cite.com.tw

　　　　　電話: (02)2396-5698

　　　　　傳眞: (02)2357-0954

劃撥帳號／1896600-4 城邦文化事業股份有限公司

　　　　　城邦（香港）出版集團

　　　　　電話：852-25086231　傳眞：852-25789337

　　　　　城邦（新馬）出版集團

　　　　　電話：603-2060833　傳眞：603-2060633

印　　刷／博創印藝文化事業有限公司

初　　版／2001年2月

定　　價／450元

ISBN／957-469-256-6

國家圖書館出版品預行編目資料

佛像 / 王景荃著 . -- 初版 . -- 臺北市 ： 貓頭鷹
出版 ： 城邦文化發行，2001〔民90〕
面 ； 公分 . --（藝術圖鑑 ； 2）
ISBN 957-469-256-6（軟精裝）

1. 佛像 2. 佛教藝術

224. 6   89018263

貓頭鷹讀者服務卡

◎謝謝您購買（書名）《 ＿＿＿＿＿＿＿＿＿＿＿＿＿＿ 》

　　為了給您更好的服務，敬請費因詳填本卡。填好後直接投郵（免貼郵票），您就成為貓頭鷹的貴賓讀者，優先享受我們提供的優惠禮遇。

☐先生　民國＿＿＿＿年生

姓名：＿＿＿＿＿＿＿＿＿＿＿＿＿＿　☐小姐　☐單身　☐已婚

郵件地址：☐☐☐＿＿＿＿＿＿縣市＿＿＿＿＿＿鄉鎮市區

＿＿＿＿＿＿＿＿＿＿＿＿＿＿＿＿＿＿＿＿＿＿＿＿＿＿

聯絡電話：公（　）＿＿＿＿＿＿＿宅（　）＿＿＿＿＿＿＿

身分證字號：＿＿＿＿＿＿＿＿　傳真：（　）＿＿＿＿＿＿

■您的E-mail address：＿＿＿＿＿＿＿＿＿＿＿＿＿＿＿

■您從何處知道本書？

☐逛書店　　☐書評　　　☐媒體廣告　　☐媒體新聞介紹
☐本公司書訊　☐直接郵件　☐全球資訊網　☐親友介紹
☐銷售員推薦　☐其他

■您希望知道哪些書最新的出版消息？

☐百科全書、圖鑑　☐文學、藝術　☐歷史、傳記　☐宗教哲學
☐自然科學　　　☐社會科學　　☐生活品味　　☐旅遊休閒
☐民俗采風　　　☐其他

■您是否買過貓頭鷹其他的圖書出版品？☐有　☐沒有

■您對本書或本社的意見：

＊查詢貓頭鷹出版全書目，請上城邦網站 http://www.cite.com.tw

100
台北市信義路二段213號11樓

城邦出版集團

貓頭鷹出版社 收